변호사 할아버지와 함께하는

22일간의 교양 여행

■**일러두기**

영어 및 한자 병기는 본문보다 작은 글씨로 처리했습니다. 인명 및 지명은 국립
국어원의 외래어 표기법에 따라 표기했으며, 규정에 없는 경우는 현지음에 가깝
게 표기했습니다.

변호사 할아버지와 함께하는

22일간의
교양 여행

김용갑 지음

공부하기 바쁜 청소년들을 위한
교양 지식 22가지

생각의창

재미도 있고
공부에도 도움이 되는 이야기

    2021년 9월, 코로나19의 유행으로 주변의 지인들은 말할 것도 없고 심지어 손주들조차 만나기 어려운 때《변호사 할아버지의 지적인 손주 만들기》라는 책을 출간한 바 있습니다.

    책을 출간한 계기는 이렇습니다.

    직접 만나진 못해도 이야기라도 써서 보내주면 간접적이나마 대화가 되겠다고 생각해 때때로 손주들을 위한 글을 써 두었습니다. 그런데 엄중한 코로나19 시국에 이 또한 전달할 기회가 많지 않았습니다. 그러다가 책으로 만들어 손주들과 그 또래의 아이들에게 읽게 하면 좋겠다는 생각에까지 이르게 되었습니다.

운 좋게 책이 출간되었고 손주들은 책을 읽으며 무척 좋아했습니다. 책을 받은 또래 아이들의 부모들도 진심으로 고마워했습니다.

이제는 손주들이 자라서 중학생, 고등학생이 되었습니다. 모두 학교와 학원에서의 공부에 무척 바쁩니다. 학교에서도 여러 가지 책을 읽도록 가르치겠지만, 교과서나 문제집 이외의 책은 읽을 여유가 많지 않아 보였습니다. 그래서 학교에서 배우는 수학이나 국어 같은 과목의 공부에도 관련이 있을 것 같은 주제를 골라 이야기를 써 보았습니다. 재미로 읽는 중에 공부에도 도움이 되면 좋겠습니다.

여기 실린 이야기 중에 인용이 잘못되거나 서술이 정

확하지 못한 부분을 발견하면 바로 알려주시기 바랍니다. 그런 비판과 시정하는 과정도 이 책을 읽는 우리 아이들에게 보여주고 싶기 때문입니다.

끝으로, 이 난삽한 글을 정독하고, 내용을 분류하고, 제목을 정리하는 등 편집에 정성을 다하신 생각의창 김병우 대표님과 직원 여러분들의 수고에 감사를 드립니다.

차례

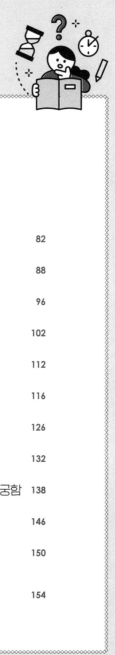

0은 존재하는가?

수의 세계에서 0은 양수와 음수의 경계에 위치하고 있습니다. 1과 0 사이의 거리는 1이고, -1과 0 사이의 거리도 1입니다. 직선 위 왼쪽에 음수, 오른쪽에 양수를 죽 써 놓았을 때 0은 음수 쪽과 양수 쪽에서 같은 거리를 움직여 도착할 수 있습니다. 그러므로 0은 1과 -1 사이 중간 지점에 '존재한다'고 할 수 있습니다.

그러나 0은 그 자신의 값을 가지지는 않습니다. 0cm 라는 거리는 존재할까요? 0g은 얼마나 무거울까요? (섭씨 0도의 온도는 느낄 수 있습니다만 이것은 단순히 그렇게 정한 것일 뿐입니다. 그 자체의 값을 가지는 것으로 보기는 어렵다는 이야기입니다.) 이렇게 보면 0은 역시 '존재하지 않는 것', 영어로 표현하면 'nothingness'라고 할 수밖에 없을 것 같습니다.

0을 혼자 두면 그 존재가 느껴지지 않지만, 움직여 보면 달라집니다. 10진법에서 0이 숫자의 뒤에 붙으면 10배, 100배로 그 앞의 수를 키웁니다. 소수점을 찍고 그 앞에 있으면 소수점 이하의 숫자를 1보다 작은 숫자로 지킵니다. 아무리 큰 수라도 0으로 곱해버리면 0이 되게 하는 강력한 용해력도 가지고 있습니다. 또 아무리 작은 수라도 0으로 나누면 그 결과는 무한대가 됩니다. 그러므로 수학의 세계에서는 0에게 다른 수를 나누는 것을 금지했습니다. (물론 0에 아주 가까운 수로 나누는 것을 상정해 미분 과 적분 등의 계산식에 응용하고는 있습니다.) 따라서 0은 활 동하고 있고, 심지어 활동을 금지당하고 있기까지 합니다. 다시 말하면 살아 있는 것입니다. 살아 있는 것은 '존재하 는 것'입니다.

결국 우리는 '0은 존재하지 않는 것이다. 그러나 살아 있다. 따라서 존재한다'는 모순에 빠지게 됩니다. 하지만 수의 세계에서 이 0은 앞에서 본 여러 가지 역할을 하고 있으므로 우리는 부득이 0과 함께 살아가야 할 것 같습니 다.

앞에서 살펴본 0의 여러 가지 역할 외에 0의 또 다른 재주 하나는 자신을 제외한 모든 수의 0제곱이 1이 되게 하는 것입니다. 이 기능은 로그 계산 logarithms 이나 지수 계 산 exponentials 에서 많이 쓰입니다. 다만 0의 0제곱(0^0)은 그 값을 정할 수 없다는 의견과 1로 하더라도 괜찮다는 의견 이 대립하고 있습니다.

여러분들이 0^0이 활약할 자리를 많이 만들어 주면 엄연히 한 자리를 차지할 수도 있을 것입니다. $\sqrt{-1}$가 허수 i라는 이름으로 맹활약하고 있는 것처럼 말입니다.

'아' 다르고 '어' 다르다

Twinkle, twinkle, little star,

How I wonder what you are!

이 노래는 우리가 어릴 때 많이 듣고 배우는 영어 노래
입니다. 〈Happy Birthday〉와 1순위를 다투지 않을까 생

각됩니다. 프랑스 민요의 가락에 영국의 시인이 노랫말을 붙였다고 합니다. 우리나라에서도 엄마들이 자장가로 많이 불러주고, 아이들도 따라 불러 잘 알려진 노래입니다. 이 노래를 우리말로 번안한 가사는 다음과 같습니다.

> 반짝반짝 작은 별
> 아름답게 비치네

'반짝반짝'이라는 표현은 'twinkle, twinkle'과 비슷한 어감이고 귀엽기도 하지만, 'twinkle, twinkle'보다는 따뜻하고 밝은 느낌을 줍니다. 그런데 이 가사를 '번쩍번쩍'으로 바꾸면 어떨까요? 아기가 잠들기는커녕 깜짝 놀라겠지요? 그리고 번쩍하면 벼락을 떠올리고 번쩍번쩍하면 금덩어리 같은 것을 떠올리겠지요?

이처럼 모음을 '아'에서 '어'로 바꾼 것뿐인데 느낌은 전혀 달라집니다. 그래서 말을 잘 못 하면 생각지도 않게

상대방의 마음을 상하게 하는 수가 있어서 우리나라에서는 '아 다르고 어 다르다'는 속담이 있습니다.

모음에는 '아, 오'와 같은 밝은 소리가 있고 '어, 우'와 같은 어두운 소리가 있습니다. 그래서 노래를 부를 때 고음 부분의 가사는 되도록 밝은 음으로 부르는 것이 노래 부르기에 편합니다. 〈그네〉라는 우리 가곡에서 가장 높은 음이 나오는 부분은 '제비도 놀란 양 나래 쉬고 보더라'라는 부분인데 제가 아는 음악 선생님 한 분은 이 부분을 '제에비도오 나알라아아안 양 나래쉬고오 보다라아'로 부르라고 합니다.

우리말이 모음의 밝고 어두움에 따라서 그 느낌과 뜻이 이렇게 달라지는 것은 우리 민족의 문화나 생활에 깊이 자리 잡고 있는 음양 사상의 영향일 수도 있고(또는 말 때문에 음양 사상이 생겼을 수도 있고), 사계절이 뚜렷한 환경의 영향일 수도 있습니다. 어쨌든 모음 하나가 바뀜으로써 말의 느낌이 변하는 것은 그만큼 우리말의 표현이 다양하고 풍부하다는 뜻이기도 합니다.

영어에는 모음의 음양에 따른 표현의 변화는 별로 없는 것 같습니다. 그래서 우리의 문학 작품이나 영화의 대사를 영어로 번역하는 분들은 이런 미묘한 어감의 차이를 번역하는 데 어려움이 많다고 합니다.

반짝반짝-번쩍번쩍, 말랑말랑-몰랑몰랑-물렁물렁, 조롱조롱-주렁주렁, 발갛게-벌겋게, 노랗게-누렇게 등 어감의 차이를 보이는 이런 표현은 무수히 많습니다.

말에는 밝기뿐만 아니라 힘도 들어 있습니다. 치다, 크다 등의 거친 소리를 포함하는 단어들은 힘이 있습니다. 딱딱하다, 뜨겁다 등의 된소리도 강한 느낌을 줍니다. 영어에도 action, kill, strike 같은 힘을 느낄 수 있는 단어들이 있지만 우리말의 표현이 훨씬 감각적이고 역동적입니다.

이렇게 밝기와 세기를 다양하게 표현할 수 있는 우리의 말을 우리의 문자로 편리하게 표기할 수 있도록 한글

을 만들어 주신 세종대왕님께 다시 한번 고마움을 표합
니다.

3일 차

역사,
과거의 일을 조사하다

역사는 영어로 history라고 하는데 그리스어 historia
가 어원이고 뜻은 '조사한다examine'입니다. 역사는 과거의
일을 조사해서 기록한 것이라고 할 수 있지요. 과거의 일
을 기록한 것에는 신화나 전설도 있는데, 이들은 전해 내
려오는 이야기나 노래를 기록한 것으로 과거의 일을 '조

사'해서 기록한 것이 아니기 때문에 역사와는 구별됩니다.

서양 최초의 역사서는 그리스의 헤로도토스Herodotos (484?~430? B.C.)가 쓴 《역사Histories》입니다. 그리스에는 헤로도토스보다 이삼백 년 전에 활동했던 헤시오도스Hesiodos (776?~? B.C.)가 쓴 《신통기Theogony》나 호메로스Homeros (8세기 B.C.)가 쓴 《일리아드Iliad》와 《오디세이Odyssey》 같은 서사시들이 고대 그리스의 신화와 전설을 기록하고 있지만, 이들은 역사라기보다는 문학으로 분류되고 있습니다.

헤로도토스는 그가 출판한 역사책 제1권 서두에서 다음과 같이 출판의 이유를 이야기하고 있습니다.

사람들의 활약상이 시간의 흐름에 따라 희미하게 되지 않도록 하고, 그리스 사람이나 이방인들이 전쟁까지도 마다하지 않고 행한 위대하고 놀라운 일들이 잊히지 않도록 하기 위해 이 책을 쓴다.

중국 최초의 역사서는 사마천(145?~86? B.C.)이 쓴 《사기史記》입니다. 영어로는 'Records of the Grand Historian'이라고 하는데 사마천의 관직명이 '태사공太史公, Grand Historian'이었기 때문입니다. 사마천도 역사는 조사해서 기록해야 한다는 생각을 갖고 있었습니다. 그래서 자신이 기록을 보거나 현장을 답사하거나 전해오는 이야기들을 직접 듣거나 해서 수집한 사실에 기반해 역사를 기록했습니다. 따라서 중국 고대 전설상의 다섯 성군聖君인 소호少昊, 전욱顓頊, 제곡帝嚳, 요堯, 순舜(소호 대신 황제黃帝를 넣기도 합니다)의 5제에 대해서 전설이나 신화 부분을 제외하고 그들의 사람됨과 행적을 역사로 기록하고 있습니다.

사마천은 이 점을 《사기》〈본기〉 권1 '5제 본기'의 마지막 부분에서 다음과 같이 쓰고 있습니다.

태사공은 말한다. 학자들이 5제에 대해 많은 칭송을 했으나 시대가 멀고 오래되었다. 옛 책에서도 요 임금 이후의 일만 기록했고, 많은 학자들이 황제를 말했지만… 분명하게 말하기 어렵고 공자의 후학들도 이를 전하지 않는 경우도 있다. 나는 일찍이 서쪽으로 공동산에 이르고, 북쪽으로 탁록을 지나왔으며 동쪽으로 바다까지 가고, 남쪽으로는 장강과 회수를 건넜는데, 그곳의 어르신들이 모두 요·순을 자주 말하는 곳을 가보니 풍속과 문화가 예부터 남달랐으며 대체로 옛날 문헌의 내용과 위배되지 않고 사실과 가까웠다.

우리나라 최초의 역사서는 고려시대 김부식(1075~1151)이 왕명을 받아 편찬한 《삼국사기》(1145년 완성)입니다. 그리고 이어서 불교 스님 일연(1206~1289)이 편찬한 《삼국유사》(1281년 고려 충렬왕 7년 간행)가 발간되었습니다. 《삼국사기》는 신라와 고구려, 백제의 이야기를 기록하고 있는데, 신라의 초대 왕인 박혁거세와 고구려의 초대 왕인 주몽이 알에서 태어났다는 탄생 설화는 있지만 단군의 건국 신화에 관한 내용은 없습니다. 반면에 《삼국유사》에서는 제1권 〈기이〉 편의 서문에서 중국의 시

조 황제들에 관한 전설을 설명하고 본문에서 고조선의 단
군왕검과 고구려의 주몽, 신라의 박혁거세의 탄생 설화를
자세히 서술하고 있습니다. 그리고 그 이유를 다음과 같이
설명하고 있습니다.

이렇게 볼 때 삼국(신라, 고구려, 백제)의 시조가 모두 신비
스러운 데서 나왔다고 하는 것이 어찌 괴이할 것이 있으랴. 이
〈기이〉 편을 이 책의 첫머리에 싣는 것은 그 뜻이 실로 여기에
있다.

이는 우리나라도 중국에 못지않은, 하늘에서 보낸 시
조가 세운 나라라는 점을 강조하고자 한 것으로 이해됩니
다.

역사가들이 과거의 일을 조사해서 기록하고, 후세에
남기는 이유는 무엇일까요? 헤로도토스가 말한 것처럼 과
거의 일을 잊지 말고, 이를 현재와 미래의 일에 참고하고

대비하라는 것이 역사를 쓰는 이유 아닐까요?

동물들은 역사를 기록하지 않습니다. 그러나 사람은 원시시대부터 경험한 일을 동굴 벽에 그리거나 돌에 새기거나 해서 다음 세대들에게 알려주려고 노력해 왔습니다.

사람이 후세 사람들을 걱정하는 것은 왜일까요? 그것이 옳은 일이기 때문이겠지요. 그렇다면 옳은 일은 왜 할까요? 인간의 본성이 그런 것인가요? 그 본성은 염색체 구조나 두뇌의 신경조직에 미리 설치되어 있는 것인가요? 살아가면서 배우고 체득하는 것인가요?

이런 질문들이 동서양의 역사학자들뿐만 아니라 과학자들과 철학자들이 줄곧 알고 싶어 탐구해 오고 있는 과제들이라 합니다.

1은 어디에서 왔을까?

어떤 것이 하나 있습니다. 이것은 한 번에 하나씩 자신과 같은 것을 생산해 낼 수가 있습니다. 그리고 그 생산력은 그야말로 무한대입니다. 사실 이것은 유한한 수명이 있는 생명체가 아니라 숫자이기 때문에 무한히 반복 재생산할 수 있습니다. 바로 1이라는 숫자입니다.

이 생산의 결과를 나타낸 그림이 여러분도 아시는 파스칼의 삼각형Pascal's triangle입니다. 태초의 세대를 편의상 0세대라고 하면 세대원의 수는 다음과 같이 됩니다.

0세대는 1명, 1세대는 2명, 3세대는 4명, 3세대는 8명 등입니다. 이 삼각형의 수의 모임에서는 여러 가지 현상이 관측되는데, 먼저 세대원의 수가 2^0, 2^1, 2^2, 2^3으로 자라는 것이 관측됩니다. 또 이 수들은 $(x+1)^0$, $(x+1)^1$, $(x+1)^2$, $(x+1)^3$의 각 항의 계수 부분이 되기도 합니다. $(x+1)^3$을 풀어 쓰면 x^3+3x^2+3x+1이 되고 이 수식의 계수 부분은 1, 3, 3, 1로 3세대의 수들과 같은 것임을 알 수 있습니다.

이 삼각형을 비스듬하게 기울여서 일직선상에 있는 수들을 배열하면 여러분들이 좋아하는 피보나치수열Fibonacci sequence이 나옵니다. 그리고 홀수들과 짝수들에 서로 다른 색깔을 입히면 시어핀스키Sierpinski라는 폴란드Poland의 수학자가 발견한 여러 개의 작은 정삼각형들이 나타나 아름다운 무늬를 만들어 내는 것도 볼 수 있습니다.

1은 하나이고 모든 정수들은 1을 단위로 구성되어 있습니다. 따라서 1로 나누어지지 않는 수는 없고(1로 나누는 것은 나눈다고 할 수가 없습니다만), 어떤 수에 1을 곱해도 그 수는 변하지 않습니다. 이 수는 모든 수의 근본이므로 남을 분해하거나 확대하는 행동은 하지 않기로 되어 있습니다.

정수는 직선상에서 0을 중심으로 왼쪽은 1씩 줄면서 -1, -2, -3…으로 배열되어 있고, 오른쪽은 1씩 늘면서 1, 2, 3…으로 배열되어 있습니다. 그 사이사이에 1이 일정한 조각으로 나누어져서 된 분수들과 계속해서 나누어지고 있는 무리수들이 있습니다. (이 직선과 직교하는 다른 직선 위에는 허수라는 수들이 배치되어 있는데, 여기에서는 $\sqrt{-1}$이 1의 역할을 대신하고 있습니다.) 그러므로 1은 수의 세계의 기본 재료라고 할 수 있습니다.

그런데 이와 같이 수의 기본 재료가 되는 1은 어디서 태어났을까요? 하나님께서 1을 근본 재료로 해서 수의 세계를 창조하시고 인간에게 이를 계시하신 것일까요? 아니면 인간이 모든 것의 처음을 '하나'(또는 'one'이나 이와 비슷한 말)라고 해보니 편리해서 이를 1로 표기하기로 하고 수의 세계를 건설한 것일까요?

0이 아닌 모든 수의 0제곱은 $1(n^0=1)$이라는 규칙을 배우셨지요? 2의 제곱은 4이고 2의 1제곱은 2 자신인데, 2의 -1제곱은 2분의 1, 2의 -2제곱은 4분의 1이 됩니다. 그러면 그 사이에 2의 0제곱이라는 빈자리가 생기는데 이곳을 무슨 수로 채우면 좋을까요?

$$\frac{1}{4} \quad \frac{1}{2} \quad \bigcirc \quad 2 \quad 4$$

왼쪽에서 오른쪽으로는 두 배씩 늘어나고 오른쪽에서 왼쪽으로는 2분의 1씩으로 줄어드니 그 가운데 수는 1이 될 수밖에 없겠지요? 그래서 모든 수의 0제곱은 1로 하게 되었습니다.

스스로 0번 곱하게 한다는 것은 무슨 뜻일까요? 자신의 근본으로 돌아가라는 뜻이 아닐까요? 스스로를 0번 곱했더니 1이 되었다는 것은 1이 그 근본이었다는 것이겠지요. 그러므로 1은 모든 수의 기본이 되는 요소(영어로는 element)라고 할 수도 있겠습니다.

수의 세계의 근본 요소가 1이라면 우주의 근본 요소는 무엇일까요?

생각이란 무엇인가?

AI는 생각을 할까요?

국어사전에서 생각이라는 단어를 찾으면 '사물을 헤아리고 판단하는 작용'이라고 서술되어 있습니다. 사물을 헤아리려면 감각기관이 이를 받아서 두뇌(정신, 이성)가 분석·기억해 두어야 하고, 새로운 것이 들어오면 기억된 정

5일 차

보에 의해 이를 해석·판단해야 합니다. 더 나아가 좋아하는 것으로 판단된 사물에 대해서는 더 가지고 싶거나 더 하고 싶은 욕구를 갖게 되는데 이 욕구도 생각이라고 합니다(아이스크림 생각이 나는 것과 같이).

AI는 사물에 대한 정보를 받아서 분석하고, 기억하고, 이 정보를 기반으로 판단을 할 수 있습니다. 더 나아가 어떤 정보를 더 받기를 원하거나 새로운 기능을 하려고 할 수도 있습니다. 그러므로 AI도 생각을 하고, AI에게도 생각이 있다고 할 수 있습니다.

그러나 이런 AI의 생각이 과연 인간의 생각과 같은 것일까요?

가장 큰 차이는 AI의 생각은 사람이 기계에게 준 것이고, 사람의 생각은 태어날 때부터 가지고 나온 부분이라는 것입니다. 그것이 무엇인지를 알아내 그런 생각도 기계에게 가르쳐 주면 사람과 같이 생각할 수도 있겠지요.

그러면 사람이 태어날 때부터 가지고 나온 선천적인

'생각'은 무엇일까요?

동물들도 밤과 낮을 구분하고, 포식자와 먹잇감을 구분하고, 동료와 가족을 식별해 보호하는 능력은 있습니다. 이 모두 생존하고 번식하기 위해서입니다. 그러나 어떤 동물도 왜 해가 지고 밤이 오는지, 죽은 후에는 어떻게 되는지를 궁금해하지는 않습니다.

그러나 사람들은 오래전부터 자신이 살아가는 세상과 사후의 일을 궁금해했습니다. 밤과 낮은 왜 바뀌는지? 죽은 후에는 어떻게 되는지? (혹시 다시 살아나는 수가 있을까 해서 큰 무덤에 죽은 사람을 모셔두는 습관은 동서양 공통이었던 것 같습니다.)

사람은 왜 이런 것들을 궁금해할까요?

구약성경 창세기에는 하나님이 아담과 이브를 만들어 에덴동산에 살게 했는데, 이브가 뱀의 꾐에 빠져 하나님의 말씀을 어기고 선악과tree of knowledge of good and evil를 따먹어 에덴동산에서 쫓겨나오게 되었다는 이야기가 있습니다. 하나님이 인간(아담과 이브)을 만드실 때 선과 악이 무엇인지 알고 싶어 하는 호기심을 제거하지 않고 만드신 것 같습니다. 그러므로 인간의 호기심은 타고난 것이라고 할 수 있습니다.

옛날 그리스의 많은 철학자들(과학자들이라고 할 수도 있습니다)도 인간의 타고난 본성은 지적 호기심이라고 생각했습니다. 그래서 끊임없이 자신의 생각이나 행동을 돌아보고 질문하며 옳고 선한 것을 탐구해야 한다고 사람들에게 가르쳤습니다.

최고의 서양 철학자라고 불리는 소크라테스Socrates (470?~399 B.C.)는 "유일한 지혜는 네가 아는 것이 아무것도 없다는 것을 아는 것이다(너 자신을 알라)"라는 말을 했다고 합니다. 이분은 끊임없이 자신과 주변 사람들에게 안다고 생각하고 있는 것이 정말 진리인지, 올바르게 살려면 어떻게 살아야 하는지 등을 질문하면서 이들에 대한 답을 찾으려고 평생 노력했다고 합니다. 이분은 이와 같이 질문을 너무 많이 해서 당시 권력자들의 미움을 받아 사형에 처해지게 됩니다. 그리고 살려준다는 회유에도 불구하고 끝까지 자신의 주장을 굽히지 않아 결국 사형을 당하게 됩니다. 그 제자인 플라톤Platon(428?~347? B.C.)이 대화 형식으로 쓴《소크라테스의 변명》이라는 책이 이 내용을 기록하고 있습니다.

소크라테스와 플라톤의 뒤를 이은 그리스의 철학자 아리스토텔레스Aristoteles(384~322 B.C.)는 인간은 동물과는 달리 이성적 영혼을 타고나서 더 좋은 삶을 살아가기를 원한다고 했습니다. 그는 항상 옳고 선한 것을 찾고, 자연과 인간의 생사에 대한 호기심으로 끊임없이 사물에 대해 탐구했다고 합니다.

성경이나 위대한 철학자들은 생각하는 것을 인간의 타고난 능력이라고 합니다. 하지만 과학자들은 어떤 주장이든지 증명되기 전까지는 진리라고 평가하지 않기 때문에 생각하는 것이 인간의 선천적인 기능인지가 과학적으로 증명될 때까지는 이를 절대적 진리라고 하지 않을 것입니다. 따라서 생각하는 기능의 원천이 무엇인지를 과학적으로 찾아내 '생각하는 기능'을 AI에게 주려고 할 수도 있을 것입니다. 이에 대해서 불가능한 일이니 그만두라고 할 근거도 제시할 수가 없습니다.

그러나 아직 증명되지 않았다고 하더라도 인간의 호기심의 원천인 '생각'하는 기능은 인간이 만들 수 있는 범위 밖에 있는 것일 가능성이 큽니다. 따라서 이를 무시하고 탐구를 진행할 경우, 자원과 시간의 낭비가 될 수 있습니다. 나아가 그 기능을 만드신 하나님의 뜻에 반하는 결과가 될 수도 있습니다. 개인적인 의견이지만, AI에게 생각하는 기능을 주려는 연구는 그로 인한 낭비와 신의 징벌의 위험을 항상 염두에 두고 하는 것이 바람직하다는 생각이 듭니다.

댄 브라운Dan Brown이라는 소설가가 쓴 《오리진Origin》이라는 소설에서는 키르쉬Kirsch라는 과학자가 윈스턴Winston

이라는 AI 로봇을 만들어 조수로 사용합니다. 그런데 이
로봇이 주인의 의사를 지레짐작해 주인을 암살당하게 하
는 작업을 수행하고는 스스로 잘했다고 생각합니다.

운율의 아름다움

아래는 방탄소년단의 최초 음반《2 COOL 4 SKOOL》
에 수록된 히트곡 〈No More Dream〉의 가사입니다.

얌마 니 꿈은 뭐니(뭐니)

얌마 니 꿈은 뭐니(뭐니)

얌마 니 꿈은 뭐니(뭐니)

니 꿈은 겨우 그거니

I wanna big house, big cars and big rings(Uh)
But 사실은 I dun have any big dreams(Yeah)
하하 난 참 편하게 살아
꿈 따위 안 꿔도 아무도 뭐라 안 하잖아
전부 다다다 똑까같이 나처럼 생각하고 있어
새까까까맣게 까먹은 꿈 많던 어린 시절
대학은 걱정 마 멀리라도 갈 꺼니까
알았어 엄마 지금 독서실 간다니까

니가 꿈 꿔온 니 모습이 뭐여
지금 니 거울 속엔 누가 보여 I gotta say
너의 길을 가라고
단 하루를 살아도
뭐라도 하라고
나약함은 담아둬

각 절의 마지막 음이 일정한 음으로 끝나는 것을 볼 수 있는데 이를 각운이라고 합니다. 운이 첫 음에 오면 두운, 중간에 오면 중간운 또는 요운이라고 합니다. 운을 영어로는 'rhyme'이라고 합니다. 시의 청각적 아름다움을 살리기 위해서 이런 운은 영어나 유럽 언어의 시, 노래, 희곡에서 많이 사용되어 왔습니다. 우리나라의 옛시조나 가사, 근대시에는 rhyme보다는 운율(율격)을 주로 사용했는데 음의 수, 강약, 고저, 장단으로 리듬감을 주는 방법입니다. 그런데 앞에서 살펴본 방탄소년단의 노래 가사는 영시에서 쓰이는 rhyme을 잘 활용하고 있습니다. 그래서 세계적으로 인기가 있는 것 같습니다.

다음은 rhyme을 잘 사용하고 있는 영어 팝뮤직pop music(한국식 영어로는 팝송pop song)입니다. 영국의 전설적인

록 밴드rock band 비틀스The Beatles가 1965년 9월 13일 미국
에서 발매한 앨범《Help!》에 수록된 〈Yesterday〉라는 노
래의 가사입니다.

Yesterday

All my troubles seemed so far away

Now it looks as though they're here to stay

Oh, I believe in yesterday

Suddenly

I'm not half the man I used to be

There's a shadow hanging over me

Oh, yesterday came suddenly

Why she had to go, I don't know, she

Wouldn't say

I said something wrong, now I long for

Yesterday

Yesterday

Love was such an easy game to play

Now I need a place to hide away

Oh, I believe in yesterday

Why she had to go, I don't know, she

Wouldn't say

I said something wrong, now I long for yesterday

Yesterday

Love was such an easy game to play

Now I need a place to hide away

Oh, I believe in yesterday

Mm mm mm mm mm mm mm

철저하게 '이 이 이~ ~ ~'로 운을 맞추고 있지요?

이 운이 어떤 느낌을 주는지는 이 노래를 들어 보고 불러 보면 잘 알 수 있을 것 같습니다. 가사를 큰 소리로 읽어 보는 것도 한 방법입니다.

좀 더 쉬운 노래 한 곡 볼까요? 제인 테일러Jane Taylor(1783~1824)라는 영국의 시인이 1806년에 'The Star'라는 제목으로 발표한 유아용nursery rhyme 시인데, 프랑스 노래에 영어 가사를 붙여서 많이 불리게 되었다고 합니다.

Twinkle, twinkle, little star,

How I wonder what you are!

Up above the world so high,

Like a diamond in the sky,

When the blazing sun is gone,

When he nothing shines upon,

Then you show your little light,

Twinkle, twinkle all the night.

Then the trav'ller in the dark,

Thanks, you for your tiny spark,

He could not see which way to go,

If you did not twinkle so.

In the dark blue sky you keep,

And often thro' my curtains peep,

For you never shut your eye,

Till the sun is in the sky.

'Tis your bright and tiny spark,

Lights the trav'ller in the dark,

Tho' I know not what you are,

Twinkle, twinkle, little star.

모두 5절five stanzas로 된 시인데 첫 절부터 마지막 절까지 '아아 이이(aa ee), 은은 트트(nn tt), 크크 오오(kk oo), 프프 이이(pp ee), 크크 아아(kk aa)'의 rhyme을 유지하고 있습니다. 이 시는 rhyme뿐만 아니라 어린이들이 가볍게 뛰어놀면서 부를 수 있도록 '강약 강약'의 발걸음trochaic foot으로 한 줄에 네 걸음four trochees씩 뗄 수 있게 되어 있습니다. 이런 율격을 'trochaic tetrameter'라고 하는데 사보강약율격이라고 할 수 있습니다.

이와는 달리 '약강 약강'으로 진행되는 율격iambic meter도 있는데, 10음절 정도를 다섯 걸음pentameter으로 나누고 있어 'iambic pentameter'라고 합니다. 오음보약강율격이라고 할 수 있습니다.

이 율격이 쓰인 영어 작품으로는 셰익스피어Shakespeare(1564~1616)의 시 '소네트sonnet 18번'이 유명하고, 존 밀턴John Milton(1608~1674)의 서사시 《실낙원Paradise Lost》(12권으로 되어 있고, 10,000행이 넘는 긴 시)도 이 운율을 사용하고 있습니다. 이 약강의 운율은 시뿐만이 아니고 연설문에서도 많이 나타나고 있습니다. 마틴 루서 킹Martin Luther King 박사의 'I have a dream' 연설이나 케네디Kennedy 대통령의 취임 연설도 이 율격의 리듬을 잘 살리고 있습니다.

다음은 오음보는 아니나 약강율을 사용한 영어 팝뮤직, 밥 딜런Bob Dylan(1941년 5월 24일 미국 미네소타 출신)이라는 미국의 대중 음악가가 작사·작곡하고 부르기도 한 〈Blowing in the Wind〉(1963년에 발표)입니다. 밥 딜런은 그가 쓴 많은 가사가 시로서의 우수성을 인정받아 2016년에 노벨 문학상을 받기도 했습니다.

How many roads must a man walk down

Before you can call him a man?

How many seas must a white dove sail

Before she sleeps in the sand?

Yes, and how many times must the cannonballs fly

Before they're forever banned?

The answer my friend, is blowing in the wind

The answer is blowing in the wind

Yes, and how many years can a mountain exsist

Before it's washed to the sea?

Yes, and how many years can some people exsist

Before they're allowed to be free?

Yes, and how many times can a man turn his head

And pretended that he just doesn't see?

The answer, my friend, is blowing in the wind

The answer is blowing in the wind

Yes, and how many times must a man look up

Before he can see the sky?

Yes, and how many ears must one man have

Before he can hear people cry?

Yes, and how many deaths will it take till he knows

That too many people have died?

The answer, my friend, is blowing in the wind

The answer is blowing in the wind

각 절이 8행으로 되어 있고, 각 절은 세 개의 질문과 한 개의 답으로 구성되어 있습니다. 각운은 각 절의 2, 4, 6행에 들어 있습니다.

이탈리아어가 모음이 발달해 모음으로 된 rhyme이 많이 쓰이는데 그 대표선수는 단테Dante(1265년 3월 1일경 ~1321년 9월 13일 또는 14일)의 《신곡Divine Comedy》입니다. 《신곡》은 각 행line의 끝의 각운 rhyme뿐만 아니라 각 행line의 음절 수까지 11로 맞추어 14,233행을 전개하고 있습니다. 그래서 그 스케일scale이 크고 세밀하며 수학적인 면까지 갖추고 있습니다.

《신곡》은 거대한 기행문이기도 하므로 다른 기행문들과 같이 보도록 하겠습니다.

우리 조선시대의 가사나 시조, 20세기 초 근대시의 운율에 관해서는 따로 이야기할 예정입니다.

수의 세계, 사람의 세계

자연수, 정수, 유리수, 무리수, 실수, 허수.

여기까지는 잘 아시지요? 무리수는 분수로 나타낼 수 없는 수입니다. 0.5는 2분의 1, 0.25는 4분의 1, 0.125는 8분의 1로 딱딱 나누어지지만 $\sqrt{2}$ 같은 경우는 나누어지지 않습니다. 이런 수를 무리수라고 합니다. 분수로 표시된다는 말은 분자 대 분모의 비율로도 표시될 수 있다는 뜻입니다. 비율, 즉 ratio로 표시될 수 있어서 rational number라고 합니다. 무리수는 비율로 표시될 수 없어서 irrational number라고 하는데, 이를 무비례수라고 하지 않고 '무리수'라고 번역해버려 '무리한 수'가 되고 말았습니다. 무리수는 소수점 이하의 수가 불규칙적으로 끝없이 계속되는데, $\sqrt{2}, \pi, e$ 같은 수가 그런 수들입니다.

허수는 $\sqrt{-1}$, 즉 제곱해서 −1이 되는 수입니다. 실수의 세계에서는 있을 수 없는 수입니다. 그래서 상상 속의 수 'imaginary number'(허수라고 번역)라 하고 i로 씁니다.

실수들은 모두 한 개의 직선 위의 한 점으로 표시할 수 있습니다. π는 3.14159…이므로 3과 4 사이의 어느 점일 것입니다. e는 2.71828…이므로 2와 3 사이에 있는 점입니다. 무리수와 유리수를 가감승제해도 그 수는 직선 위의 어딘가에 있을 것입니다.

그러나 허수는 수로서는 존재하지만, 실수들이 사는

직선 위에 있지는 않습니다. 그러면 어디에 있을까요? 스위스 출신의 수학자 아르강_{Argand}(1768~1822)이 정해 준 자리가 있습니다. 실수가 사는 직선을 x라 하고, 이와 직교하는 y라는 수직선을 i가 사는 세상으로 정해 주었습니다. i, 0.5i, πi, ei 등은 y축 어딘가에 있게 됩니다. 실수와 허수가 결합된 수(복소수), 예컨대 3+2i는 x와 y로 나누어진 4분평면의 어딘가에 있게 되겠지요.

이 4분평면을 벗어나 존재하는 수, 초월수는 없을까요? 수학의 세계에 불가능은 없습니다. 생각해 내면 됩니다. 많은 수학자들이 4분평면을 벗어난 곳에 존재하는(존재하는 것으로 삼은) 수를 찾아내거나 만들어 내려고 연구하고 있습니다.

사람의 세계로 와 봅니다. 사람의 몸은 이 세상(우주)에 있고, 이를 벗어나서는 존재할 수 없습니다. 수들이 x축과 y축으로 구분된 4분평면 위를 벗어나지 못하듯이 말입니다. 그러나 4분평면을 벗어나 존재하는 수들처럼 세상을 벗어나 존재하는 사람의 것도 있습니다. 바로 사람의 '생각'입니다. ('이성'이라는 더 멋진 말로 쓸 수도 있습니다.)

이 '생각'은 눈에 보이지 않고 느낄 수도 없으나 분명히 존재합니다. 정삼각형을 우리가 경험할 수 있도록 그려내는 것은 불가능할 것입니다. 아무리 정교한 연필이라도 세 변의 길이가 똑같도록 그릴 수는 없을 것이기 때문입니다. 그러나 정삼각형은 분명히 존재합니다. 우리의 생각 속에.

그런데 이 생각이라는 것은 무엇일까요? 우리가 경험한 것만 생각할 수 있을까요? 아니면 경험하기 전부터 생각 속에 미리 있는 것도 있을까요?

수의 세계에서 허수나 초월수를 '정의'해서 존재하는 것으로 삼듯이 '생각은 생각'이라고 정의해 버리면 어떨까요? 간단해서 좋겠지만 그것은 답을 찾기를 포기하는 것이므로 생각이 있는 사람으로서는 만족할 수 없을 것입니다. 그래서 수학자들을 비롯한 많은 철학자들이 '생각'이 무엇인지를 알아내고자 오래전부터 연구해 오고 있습니다. 고대 그리스Greece의 철학자 소크라테스, 플라톤, 아리스토텔레스, 근대의 데카르트Descartes, 칸트Kant 등 많은 분들이 이를 탐구했습니다. 요즘에는 AI도 사람처럼 생각하게 하려고 하고 있습니다.

수의 세계에서 두 개 또는 더 많은 수의 직선 축을 이용해서 평면이나 3차원, 4차원의 공간을 만들고 그 안에 모든 수를 다 배치하듯이, 인간 세상의 모든 것들과 사람의 생각까지도 몇 개의 축으로 된 공간에 배치할 수 있으면 매우 편리하겠지요? 그러나 그렇게 간단히 될 것 같지는 않습니다. 그것은 아마도 우리에게 생각하는 능력을 주신 하나님만 답을 아시는 문제인지도 모르겠습니다.

열심히 공부하는 수험생들에게

2021년 11월 18일에 치러진 대입 수능시험 국어 문제를 한 번 읽어 본 적이 있습니다. 여러 장르의 문장을 예문으로 제시하고 서너 개씩의 질문을 하는 구조로 되어 있었습니다. 그리고 기본 과목 34문항, 선택 과목 11문항이었습니다.

기본 과목은 독서의 방법, 헤겔의 변증법에 관한 설명, 기축통화에 관한 논의, 기술 설명 문서의 이해, 근대시, 중세시, 중세 소설, 중세 시가의 이해에 관한 문제들로 구성되어 있습니다. 그리고 선택 과목은 화법과 작문, 언어와 매체 두 가지가 있는데 각 그 분야에 관련된 예문들과 질문으로 구성되어 있습니다.

　　제시된 예문들은 길고 한자어가 많이 들어 있는데다 그 내용도 많은 책을 읽어야만 알 수 있는 것들입니다. 고등학생들에게 과연 이런 문제들까지 풀 수 있을 정도의 공부를 하도록 해야 하나 하는 의문이 들었습니다.

　　다행히 각 예문에 대한 문제들 중에는 예문의 내용이나 배경 등을 설명하는 '보기'라는 문항이 있습니다. 그리고 문제를 풀다 보면 두세 번째 문제에 이 '보기' 문항이 나옵니다. 이 '보기' 문항을 먼저 읽고 예문으로 돌아가서 읽으면 예문을 이해하는 데 많은 도움이 되는 구조로 보입니다. 수험생 여러분들은 긴 예문을 읽기 전에 이 '보기'를 먼저 읽고, 그다음에 문제를 풀기 시작하면 답을 찾기가 좀 더 쉬워질 것 같습니다.

어려운 문제들이 많이 나오니 어떤 문제가 나올지 예상할 수 있으면 도움이 되겠지요? 하지만 그것은 쉽지 않아 보입니다. 다행히 해마다 행하는 시험이므로 과거에 출제된 문제들을 보면 어떤 문장들이 예문으로 나오는지, 어떤 질문들을 하는지 큰 흐름을 짐작할 수는 있을 것 같습니다.

조선시대의 여성들의 시나 소설 등 문학 작품이 눈에 띄기도 하고, 서민이나 고난을 받는 계층의 인물이 주인공으로 나오는 근대나 현대 소설의 작품들이 꼭 포함되는 것도 알 수 있습니다. AI나 첨단기술 관련 글들이 많이 나오는 것도 인상 깊습니다. 시대의 흐름이나 사람들의 관심사가 시험 문제에도 반영되는 것 같습니다.

열심히 공부하는 수험생들, 특히 자습하는 분들께 도움이 되었으면 하는 마음으로 개인적인 느낌을 적어 보았습니다. 참고가 되었으면 좋겠습니다.

변화에 대한 생각

　"이 세상에 변하지 않는 것은 단 하나, 모든 것은 변한다는 진리다"라는 알쏭달쏭한 말씀을 하신 분이 있습니다. 바로 고대 그리스의 철학자 헤라클레이토스 Heracleitos(540?~480? B.C.)라는 분입니다. 이분이 쓴 책은 남아 있지 않지만, 그 후의 학자들이 이분의 사상을 전하고 있습니다. 이분의 말씀을 조금씩 모아서 정리한 책이 《조각들Fragments》이라는 책입니다.

헤라클레이토스와는 반대로 "모든 것은 변하지 않는 다. 우리가 인식하는 것이 다를 뿐이다"라고 말씀하신 분 이 있습니다. 헤라클레이토스와 비슷한 시기에 이탈리 아 남쪽 끝에 살았다고 하는 파르메니데스Parmenides(515~? B.C.)라는 분입니다.

이 두 분의 생각은 다른 듯하나, 우주의 근본은 무엇이 고 어떤 원리에 따라 움직이는지에 대한 탐구라는 점에서 는 같습니다. 모든 것은 신의 뜻에 따라 움직인다는 고대 의 신화나 미신에서 벗어나, 사람의 생각으로 우주의 원리 를 알아내려고 노력하기 시작한 점에서 이분들은 서양의 과학과 철학의 시조라고 할 수 있습니다.

고대 중국에도 비슷한 생각이 존재했습니다. 공자 (551~479 B.C.)가 열심히 공부했다는 《주역周易》은 기원전 11세기에 세워진 주나라 시대부터 내려오는 '역'에 관한 책입니다. '역易'은 변한다는 뜻입니다.

이 책에서는 사물의 변화를 태극기(태극은 음과 양의 합으로 되어 있습니다)의 네 구석에 그려진 막대기의 결합 모양인 '괘'를 이용해 표시합니다. 긴 막대기 하나(一; 양효陽 爻)와 이를 반으로 나눈 짧은 막대기 두 개(- -; 음효陰爻)를 석 줄로 배열해 8개의 괘(8괘)를 만들고(2×2×2=8), 8개를 또 다른 8개와 결합해 여섯 줄로 된 괘를 64개 만들어 우주 만물의 변화를 이 64개의 변형variations으로 해석하려는 것입니다.

긴 막대기 세 개를 석 줄로 늘어놓고 하늘이라 하고, 짧은 막대기 두 개씩을 석 줄로 늘어놓고 땅이라 하고, 나머지도 물·불 등으로 정해 두 개의 하늘을 겹친 것을 1번 괘, 두 개의 땅을 겹친 것을 2번 괘, 물이 위에 있고 불이 아래에 있는 괘를 63번 괘, 이를 뒤집은 것을 64번 괘로 하는 식입니다. 이《주역》은 옛날부터 점치는 책으로도 쓰여 왔고, 요즘도 역술인들이 이 괘를 이용해 점을 치고 있습니다. 우주 만물의 변화 원리를 이용해 사람의 운명을 예측해 보려고 하는 것이겠지요.

이 64괘를 보면 긴 막대를 1(양), 짧은 막대를 0(음)으로 해 6bit code 64개를 만든 것과 같습니다. 이미 그 옛날에 2진법을 이해하고 있었던 것 같기도 합니다. 제1번 괘는 111111, 제2번 괘는 000000입니다.

《주역》에서 변화의 출발은 긴 막대 하나(—)와 짧은 막대 두 개(- -), 즉 1과 0입니다. 이 둘은 긴 막대 하나에서 출발했으므로 근원은 하나라고도 할 수 있습니다. 1과 0은 여러 순서로 결합하면서 변화를 반복합니다.

헤라클레이토스도 만물의 근원은 불이고 이는 로고스logos라는 원리에 의해 움직인다고 생각했다고 합니다. 동서양의 학자들은 지구의 반대쪽에 있긴 했어도 비슷한 시기에 비슷한 생각들을 했던 것 같습니다.

이와 같이 오래전부터 서양이나 동양에서는 많은 철학자들과 과학자들이 우주 만물은 어떻게 시작되었고, 어떻게 변해 가는지에 대한 의문을 가지고 그 해답을 얻으려 노력해 왔습니다. 앞에서 말한 헤라클레이토스나 파르메니데스와 같은 사람들의 후배들인 소크라테스, 플라톤, 아리스토텔레스 같은 철학자들은 이런 의문에 대해 보다 과학적·논리적인 해답을 찾고자 했습니다. 그리고 그 전통이 오늘의 서양 과학과 철학의 근본이 되었습니다.

얼마 전에 타계한 20세기 최고의 물리학자 중 한 분인 호킹Hawking 케임브리지Cambridge 대학 교수는 우주의 생성 원리는 하나님만이 아시는 '위대한 설계Grand Design'여서 알 수 없다고 포기할 것이 아니라 끊임없는 탐구로 발견해 낼 수 있을 것으로 굳게 믿고 있었습니다.

모든 것은 변하지만 사람의 탐구열은 변하지 않습니다. 이러한 탐구열은 어디서 온 것일까요? 제가 어릴 때 시골의 어머니들은 "밥이 나오나, 떡이 나오나"라는 명언으로 이런 탐구의 부질없음을 간명하게 설파했습니다.

여러분의 생각은 어떤가요?

모든 것은 변하나 변하지 않는 우주 창조의 원리는 정말 알 수 없을까요?

10일 차

답은 없지 않다, 아직 안 나왔을 뿐이다!

어떤 수를 0으로 나눌 수 있을까요?

불가능하겠지요? 빵 한 개를 두 사람이나 세 사람이 나누어 먹을 수는 있어도 아무도 없으면 나눌 수가 없듯이 말입니다. 그런데 정말 불가능할까요?

어떤 수를 제곱해서 -1이 되는 '어떤 수'는 없을 것으로 생각했는데, 이 수를 허수라고 불러보니 버젓이 존재하는 수(i)로 되었습니다. 그래서 0으로 나누는 것도 일단은 '불가능'하다고 하지 않고, 아직 답이 나오지 않았을 뿐이므로 '정의되지 않았다$_{\text{undefined}}$'라고 한답니다. 조만간 어떤 수를 0으로 나누면 나오는 수가 발견되거나 만들어질지도 모르겠습니다. 그렇게 되면 빵 한 개를 0명이 나누면 얼마씩 돌아가느냐 하는 문제에 대한 답이 나오겠지요. (도깨비를 불러서 나누면 될 테니 '도깨비들의 수분의 1' 또는 'Full'이나 'F'로 표시하면 어떨까요? 1을 0으로 나누면 '먹지 않아도 배부르다'라는 의미가 될 수 있으니.)

무한히 큰 수 ∞를 무한히 큰 수 ∞로 나누는 것은 가능할까요? 단도직입적으로 말하면 가능하지 않습니다. 왜냐하면 $\frac{\infty}{\infty}$=1이 된다고 하면 ∞×1=∞이 되는데 ∞×10=∞이므로 1=10이 되어버려서 안 되는 겁니다. ∞는 수가 아니고 무한한 상태를 뜻하는 기호여서 이런 수식이 성립하지 않습니다. 그래서 이 나눗셈도 역시 아직

'undefined'라고 합니다. 그러나 어떤 수를 0에 아주 가까운 작은 수로 나누거나 어떤 수를 무한에 가까운 큰 수로 나눌 때 그 답이 어떤 수에 무한히 접근하는 것은 가능하겠지요. 이런 점을 이용해서 사실상 0이나 ∞로 나누는 것과 같은 계산을 하는 방식이 발견되어 쓰이고 있습니다. 바로 많은 학생들이 골치 아파하는 미분과 적분이라는 것입니다. 이 미분과 적분은 앞에서 본 도깨비놀음보다는 현실적이고, 현대 과학의 기초가 된 중요한 수학의 계산법입니다.

　이것이 저것보다 크다라는 표시는 '이것〉저것'입니다. '3〉2'와 같은 의미죠. 그러면 4〉3.9999…일까요? (3.9999…×10)−3.9999…=3.999…×9=36.0000… 따라서 3.999…=4라는 계산이 나옵니다. 왜일까요? 3.999…는 소수점 이하 자리에 9가 무한히 계속되는 것이라 결국 4로 된다는 뜻입니다. 4는 4.000…이라고 하는 것도 같은 논리겠지요. 그러나 이 논리는 상식적인 감정으로는 이해하기 어렵습니다. 3.999…는 3은 아니고 결국은 4에 도착하는 수이니 4라고 부르는 것이라면 엄밀한 수의 성격과는 맞지 않습니다. 그런데 소수점 이하의 세계에서는 이런 논법이 통하는 것 같습니다.

이러한 수학의 원리들은, 지금은 답을 알지 못하는 여러 가지 문제에 대한 답을 찾아내는 단서가 될 수 있습니다. 그래서 수학자들은 오늘도 우리가 알 수 없는 어려운 문제들의 답을 얻기 위해 많은 생각을 하고 있습니다.

여러분들도 수학 공부를 열심히 해서 많은 사람들이 어려워하는 문제에 대한 답을 구할 수 있으면 좋겠습니다. 예를 들면, '화폐가 꼭 필요한가? 대학 입시는 꼭 필요한가?' 등의 문제들이 있을 수 있겠죠.

11일 차

옛날 기록을 읽는다는 것

금석학金石學, epigraphy은 쇠와 돌에 적혀 있는 옛날 기록을 연구하는 학문입니다. 점토판, 대나무, 거북이 등뼈(갑골), 동물의 뼛조각 등에 새겨진 글자나 기호 등이 그 연구 대상이지만 동굴의 벽에 새겨진 기록도 포함합니다.

종이나 가죽같이 글씨를 쓰거나 그림을 그리기 좋은

재료가 발명되기 이전에는 많은 기록을 할 수 없었습니다. 그래서 오래도록 남겨야 할 중요한 내용들은 돌이나 점토, 금속판 등에 기록했습니다. 금석에 새겨진 글이나 그림, 즉 금석문은 고대사의 연구에 매우 중요한 자료가 됩니다.

우리나라의 오래된 기록은 고구려 장수왕 시대인 414년에 만들어진 광개토대왕비, 신라시대인 555년경부터 563년 사이에 북한산 등에 세워진 4개의 진흥왕 순수비 등에 있습니다. 그리고 여러 곳의 절에 있는 탑들에 새겨진 기록들이 있습니다.

중국의 경우를 보면, 비문이 대부분이지만 문자가 새겨진 거북의 등뼈, 청동 밥솥 등도 있습니다. 이들 기록은 전부 한자입니다. 한자의 형태는 초기 상형문자에서 전서, 예서, 해서, 행서 등으로 변화되어 왔습니다. 그러나 크게 달라지지 않아서 현대의 학자들도 큰 어려움 없이 해독할 수 있습니다.

우리나라의 대표적인 금석학자는 명필로 유명한 추사

김정희(1786~1856) 선생입니다. 이분은 우리나라의 금석문뿐만 아니라 중국 고대의 금석문까지도 두루 연구해서 중국(당시는 청나라)의 학자들로부터도 존경받았다고 합니다. 김정희 선생은 우리나라 전역을 다니던 중 북한산에 올라가서 신라시대에 세워진 진흥왕 순수비를 찾았습니다. 그리고 그 비문을 탁본해서 내용을 해독해 내고, 다른 곳에 있는 신라시대의 비석의 비문도 조사했습니다. 광개토대왕비는 만주에 있어 김정희 선생께서 직접 판독하지는 않았고, 대신 다른 많은 학자들에 의해 연구되었습니다. 1930년경 일본의 만주 침략 시기에 일본군에 의해서 일부 글자가 바뀌었다는 이야기도 있습니다. (이 이야기는 소설로도 나와 있습니다.)

유럽에서도 석기시대의 동굴 벽화를 비롯해 이집트, 메소포타미아, 그리스, 로마시대의 점토판이나 금석문이 많이 남아 있습니다. 현재까지 발견된 문자 기록 중 가장 오래된 것은 삼사천 년 전의 이집트의 초기 왕조의 무덤

속에서 발견된 'Pyramid Texts'입니다. 이 문자는 상형문자와 표음문자가 혼합된 이집트의 고대 문자로 기록되어 있습니다. 무덤에 묻힌 왕 파라오Pharaoh나 왕비의 사후 세계에서의 부활을 기원하는 내용으로 되어 있고, 여러 무덤에서 비슷한 형식과 내용이 발견되었습니다. 프랑스의 고고학자인 마스페로Maspero(1846~1916)라는 분이 1880년경부터 이들을 발견하기 시작했고, 19세기부터 지금까지 해독 작업이 행해져 왔습니다. 1822년에 이루어진 로제타스톤Rosetta Stone의 해독이 단서가 되어 이집트 고대 문자들의 해독이 많이 진전되었다고 합니다.

메소포타미아 지역에서는 황토판에 나무 막대기로 쐐기 모양을 찍은 '쐐기문자(설형문자)'가 많이 발견되었고 내용도 풍부합니다. 이 지역에는 사오천 년 전부터 수메르인들이 국가를 건설해서 살고 있었고 그 후 아카드인, 아모리인 등이 이 지역을 지배했습니다. 약 2,900년 전부터 이 지역을 다스리던 아모리인의 국가인 바빌론 왕국의 함무라비 왕 시대(1792~1750 B.C.)에 당시의 법률을 새긴 돌기둥이 만들어졌습니다. 이 돌기둥은 1901년 프랑스와 이란의 합동 발굴팀이 이란의 수사에서 발굴했습니다. 지금은 파리의 루브르 박물관에 소장되어 있습니다.

함무라비법전의 내용은 수메르어에 이어 3,000년 전부터 쓰이던 아카디아어 쐐기문자로 표기되어 있습니다. 함무라비법전이 쓰인 기원전 18세기에 이 글자는 그 이전의 상형문자 형태를 벗어나 표음문자로 발전되어 있었다고 합니다. 함무라비 돌기둥보다 앞선 시기의 수메르어 점토판들도 많이 발견되었습니다. 그중 〈길가메시 서사시〉라고 불리는 서사시들이 기록된 점토판의 쐐기문자가 많은 학자들에 의해 해독되었습니다. 우리나라의 김산해 (2021년 11월 6일 작고) 학자께서도 이를 연구해 책을 출간한 바 있습니다.

로제타스톤은 이집트 후기의 톨레미Ptolemy 왕조 시대인 기원전 196년에 만들어진 돌 비석입니다. 1799년 나폴레옹의 이집트 침공 시에 그 부하 장교에 의해 발견되었다가 나중에 영국군에게 양도되었습니다. 현재는 대영박물관에 보관되어 있습니다. 이 비석에는 사용 시기를 달리하는 두 종류의 이집트어와 그리스어가 3단으로 병기되어 있습니다. 프랑스의 젊은 학자인 샹폴리옹Champollion(1790~1832)이 그리스어를 먼저 해독하고, 이를 토대로 고대 이집트어 부분을 해독했습니다. 이것이 그 후의 고대 이집트의 기록들의 해독에 많은 도움이 되었다고 합니다.

로제타스톤이 이집트에서 발견된 후인 1835년에는 영국군 장교 롤린슨Rawlinson이 이란 서부의 베히스툰Behistun 산 절벽에 새겨진 거대한 비문을 복사해서 해독하는 작업을 시작했습니다. 이 비문은 고대 페르시아의 국왕인 다리우스Darius 1세(550~486 B.C.)의 치적을 재위 시의 사용 언어인 고대 페르시아어, 그 이전에 사용되었던 엘람어Elamite, 바빌론 시기의 아카디아어 세 가지(모두 쐐기문자)로 기록하고 있습니다. 로제타스톤의 경우와 같이 이 비문도 가장 가까운 시기에 사용된 고대 페르시아어 문자(표음문자)를 먼저 해독하고, 이를 토대로 더 오래된 언어인 나머지 두 언어를 해독했습니다. 이로써 고대 쐐기문자 해독의 실마리가 풀리게 되었고, 앞에서 본 함무라비법전이나 수메르의 기록들이 해독되기 시작했습니다.

표음문자는 이를 해독하려면 먼저 발음을 알아낸 다음에 그 뜻을 해석해야 해서 해독에 오랜 시간이 걸렸습니다. 그리고 많은 천재적인 학자들의 상상력과 창의력이 동원되어야 했습니다. 로제타스톤에 여러 번 나오는 글자 'Ptolemi'가 당시의 임금이었던 사람의 이름이라는 점에 착안해 다른 글자들도 알아냈다고 합니다. 왕과 관련된 다른 기록이나 지역의 역사를 참고로 해서 내용을 탐구해 나갔던 것입니다. 이 돌에 적힌 글의 해독은 나폴레옹에 의해 발견된 때로부터 30년 가까이 걸렸습니다.

흥미로운 점은 2,500년 전에 기록된 베히스툰산의 다리우스 1세의 이야기나 1,600여 년 전에 새겨진 광개토대왕비의 내용이 비슷하다는 점입니다. 바로 왕의 가계의 위대함과 영토 확장과 방어의 업적을 칭송하는 내용입니다.

동양이든 서양이든 금석학은 직접 비석이나 절벽 등 기록이 있는 곳에 가서 글자를 채집해야 합니다. 그리고 그 내용을 알아내기 위해 관련되는 여러 가지 자료를 두루 연구해야 합니다. 지극히 힘들고 시간과 비용이 많이 드는 일이죠. 이런 어려움에도 불구하고 훌륭한 학자들이 많은 자료를 수집해 두었고, 지금은 그 자료들을 인터넷으로 간단히 찾아볼 수 있게 되었습니다. 금석학도 이제 편리하게 접근할 수 있게 된 겁니다.

우리는 먼 미래의 사람들을 위해 어떤 기록을 어떻게 남겨두어야 할까요?

좋은 글은 오래 남는다

산 넘어 남촌에는 누가 살길래

해마다 봄바람이 남으로 오네

꽃 피는 사월이면 진달래 향기

밀 익는 오월이면 보리 내음새

어느 것 한 가진들 실어 안 오리

남촌서 남풍 불 제 나는 좋데나

이 아름다운 시는 파인 김동환(1901~1958)의 〈산 넘어 남촌에는〉이라는 시의 3연 중 1연(노래의 1절)입니다. 이 시에 김규환 작곡가(1926~2011)가 곡을 붙여 가곡으로도 사랑받고 있습니다. 꽃 피는 사월, 밀 익는 오월의 모습은 마음의 눈을 즐겁게 합니다. 그리고 봄바람에 실려 오는 진달래 향기와 보리 냄새는 우리의 코끝을 간질입니다. 많은 사람이 좋아하는 이 가곡은 듣기에 좋으나 막상 불러보면 여간 숨이 차지 않습니다. 그래서 처음부터 세게 부르면 도중에 숨이 막혀 듣는 이들을 더 즐겁게 해주는 경우가 있으니 조심해야 합니다. 이 노래, 시의 운율은 7-5조 3보격(한 줄을 세 걸음으로 나누어 읽거나 세 번 숨을 쉬는 리듬)이라고 합니다.

국어 시간에 배우는 '문학의 갈래(장르genre라는 근사한 불어를 쓰기도 합니다)'에는 서정, 서사, 극, 교술의 네 가지가 있다고 합니다. (제가 고등학교 다닐 때는 시, 소설, 희곡, 수필로 알기 쉽게 배웠습니다.) 서정문, 즉 시가 서사문과 구별

되는 요소에는 화자speaker가 누구냐, 전하는 내용이 감정이나 생각이냐, 아니면 어떤 사건의 전개 과정이냐, 운율이 있느냐 등이 있습니다. 그중 운율이 시의 가장 중요한 특징입니다. 시에는 또 여러 가지가 있는데, 우리나라의 시를 역사적으로 보면 시조, 가사, 근대시 등의 순으로 진행되어 왔습니다. 시조는 3장 6구 45자 이내라는 규칙에서 움직이는 평시조에서, 평시조 여럿을 연결한 연시조(노래가 3~4절까지 있는 것과 같이), 평시조의 규칙에서 벗어난 엇시조, 산문처럼 길어지는 사설시조 등이 있습니다. 그러나 마지막 행의 시작이 '오호라…'와 같은 탄성조의 3자로 마무리되는 점은 이 모든 시조에서 변함없이 지켜지고 있습니다.

시의 운율은 운과 율을 말하는 것인데, 운은 서양시의 rhyme과 같은 것입니다. 두운, 요운, 각운으로 처음, 중간, 마지막에 나오는 음절의 음을 일치시켜서 일정한 rhythm을 느낄 수 있게 하는 것입니다. 운을 넣는 것을 압운이라고 합니다. "운을 떼다"라는 말은 옛사람들이 모임에서 시 짓는 놀이를 할 때 주최자가 먼저 오늘의 시에 쓸 '운' 자를 말하는 것으로, 이야기 도중에 새로운 화제를 꺼낼 때를 뜻하는 말입니다. 첫 글자나 마지막 글자를 운으로 하는 경우가 많습니다. (영시에서는 거의 모두 각운을 씁니다.) 율은 시의 한 행의 글자 수나 끊어 읽는 단위를 말하는데 글자 수를 음수율, 한 행을 몇 번 끊어 읽을 것인지를 음보율이라고 합니다. 〈산 넘어 남촌에는〉은 한 줄의 글자 수가 7-5로 되어 있어 7-5조율이고, 한 줄을 세 번에 끊어 읽도록 되어 있어 3음보율입니다. (율을 율격이라고도 하므로 3보격이라고도 합니다.)

이런 규칙은 듣기 좋은 시를 쓰려다 보니 생겨난 것이고, 처음부터 규칙으로 있던 것은 아닙니다. 그래서 시대에 따라 규칙이 변하기도 하고, 시의 형식도 달라지는 것입니다.

〈산 넘어 남촌에는〉을 27세 때에 쓴 김동환 시인은

25세 때인 1925년에 〈국경의 밤〉이라는 단편소설 길이의 서사시를 썼습니다. 하루 밤낮에 꿈꾸고 느낀 이야기를 수십 페이지 길이의 시로 풀어낸 아름다운 글입니다. '아하, 무사히 건넜을까'로 시작해 '중국 군영에서 나팔 소리 또따따 하고 울려 들린다'로 끝나는 3부 72장의 긴 시입니다. (수백 페이지에 달하는, 일주일간의 지옥과 연옥과 천국의 여행기인 단테의 《신곡》도 운과 율을 엄격히 지키면서 이탈리아 말의 아름다움을 최고로 발휘한 시입니다. 이 시와 또 다른 시, 노래의 운율을 확인해보는 이야기는 따로 하겠습니다.)

좋은 시는 시각적, 청각적으로뿐만 아니라 후각적으로도 사람의 미적 감성을 자극해 아름다움을 느끼게 하는 모양입니다. 그래서 그런 시들은 오래 읽히고 노래로도 불리게 되는 것 같습니다.

〈산 넘어 남촌에는〉을 쓴 김동환 시인은 일제 강점기 시절 제2차 세계대전을 벌인 일본의 전쟁 행위에 식민지 조선인들이 동참해야 한다는 내용의 글과 시로 선전 활동을 한 것으로 알려져 있습니다. 그래서 친일 인사로 많은 비난을 받고 있습니다. 해방 후에 사죄하고 친일 활동을 자수해 처벌을 받는 등 친일 행위에 대한 죗값을 치르기는 했으나 잘못이 면책되지는 않았습니다. 한국전쟁 중에 북한군에 납치되어 북한으로 가서 사망했다고 합니다.

〈산 넘어 남촌에는〉이나 〈국경의 밤〉은 다행히 이 시인이 순수한 감정으로 우리말을 사랑했던 20대 중반에 쓴 시라, 그 후의 행적에도 불구하고 그 아름다움을 부정할 수는 없을 것 같습니다.

13일 차

수의 근본을 찾아서

물질을 한없이 작아질 때까지 나누면 무엇이 될까요? 더 이상 나누어질 수 없는 물질의 기본을 그리스의 철학자 데모크리토스Democritus(460?~370? B.C.)는 'atom'이라고 불렀습니다. 그리스어로 '더 이상 나눌 수 없다'라는 뜻이라고 합니다. 그리스어로 tom은 자른다, 나눈다는 뜻인데(anatomy는 해부학이라는 뜻입니다) 부정형을 만드는 어두인 a를 붙여서 not dividable, 즉 atom이 되었다고 하네요. 우리말로 atom은 원자입니다.

데모크리토스 이후로 한동안 모든 물질을 이루는 근본은 원자로 알려져 있었습니다. 하지만 근대에 들어와 물리학자들이 그보다 더 작은 입자들인 양자, 중성자, 전자를 발견했습니다. 그리고 현대에 이르러서는 그보다 더 작은 소입자인 쿼크quark, 힉스 입자Higgs boson 등을 발견하면서 원자는 최소 단위의 지위를 잃었습니다. 정말 더 이상 나누어질 수 없는 최소 단위인 기본입자elementary particle가 있는지는 아직 밝혀지지 않은 것 같습니다. 더구나 그러한 기본입자가 있다면 이는 또 무엇으로, 누가, 어떻게 만들었는지 알 수 없는 상황입니다.

물질과 달리 수는 끝없이 작게 나눌 수 있습니다. 앞에서 말한 데모크리토스보다 뒤에 태어난 그리스의 철학자 아리스토텔레스는 이런 수학의 이론에 영향을 받았는지 물질도 끝없이 작게 나눌 수 있다고 했습니다. 따라서 더 이상 나눌 수 없는 입자, 즉 atom은 없다(필요 없다)고 생각했습니다. 앞에서 이야기한 바와 같이 atom보다 더 작은 입자들이 계속 발견되고 있어 그 말이 맞을지도 모릅니다. 하지만 만물의 근원이 되는 '근본 요소'가 없다는 것은 만물의 존재의 기초를 부인하는 것이어서 믿기 어렵습니다. 그러면 그 '근본 요소'는 무엇일까요? 인간이 알 수는 없는 것일까요?

수의 세계에서 자연수(1, 2, 3, 4, 5…)만을 보면 수의 근본은 1이라고 할 수 있습니다. 따라서 1은 자연수의 원자 atom라고 할 수 있습니다. 이 자연수 중에는 1 또는 자신 이외의 다른 수로는 나누어지지 않는 수(소수)들이 많이 (무한히) 있습니다. 2, 3, 5, 7, 11 같은 수들이지요. 이들은 4(2가 두 개 합쳐진 수)나 6(2가 세 개 또는 3이 두 개 합쳐진 수), 9(3이 세 개 합쳐진 수)같이 합성된 수가 아니라는 점에서 자연수만의 세계에서는 순수한 수라고 볼 수 있습니다.

소수들은 작든 크든 1이 여러 번 합쳐져서 된 수이므로 그 구성 성분이 단일하고 1차적primary입니다. 그래서 'prime number'라고 불립니다. 자연수들이 원점을 중심으로 분산되어 있다고 한다면 2, 4, 6, 8, 10과 같은 수들은 앞뒤로 열을 맞추어 서 있을 것입니다. 소수들은 원점에서 각 방향으로 하나씩만 배치되어 있을 것이고요. 만약 원점이 태양이라면 소수들은 모두 직접 햇빛을 받을 수 있겠지요. 4는 2의 뒤에 있어 빛을 2보다 적게 받을 것이고, 6은 또 그 뒤에 있어 빛을 더 적게 받겠지요.

자연수가 일직선상에 배열되어 있을 때 소수가 어떤 순서로 얼마나 자주 나오는지는 많은 수학자들의 관심거리였나 봅니다. 근대의 뛰어난 수학자들인 오일러Euler(1707~1783), 가우스Gauss(1777~1855), 리만Riemann(1826~1866) 같은 분들이 열심히 그 공식을 찾아보았으나 아직도 가설 단계에 그치고 있습니다. 그 증명에 걸린 상금이 여전히 수상자를 기다리고 있다고 합니다.

1에서 시작해 1억 번째 나오는 소수는 얼마일까요? 1억 번째 나오는 소수와 2억 번째 나오는 소수를 두 사람이 하나씩 나누어 가지고 그 두 수를 곱한 수(엄청나게 큰 수이겠지요?)를 키워드key word로 정해 두면, 소수를 나누어 가진 두 사람은 상대방이 어떤 수를 가지고 있는지 알 수 있어서 서로 암호로 쓸 수 있지 않을까요?

물론 이렇게 큰 숫자를 그대로 쓰는 것은 실용적이지 않을 겁니다. 그래서 이를 좀 더 편리하게 쓸 수 있도록 개발한 암호체계가 1978년경에 미국의 매사추세츠 공과대학MIT 연구자들인 리베스트Rivest, 샤미르Shamir, 아델먼Adleman에 의해 체계화되었습니다. 이를 RSA 암호체계라고 합니다. 이 암호체계는 현재도 쓰이고 있습니다. 그러나 소수의 배열 공식이 있으면 이런 암호는 뚫릴 수도 있을 것입니다. 다행히 아직 소수 배열의 공식이 완전히 발견되지 않았다고 하니 소수를 이용한 암호는 당분간은 안전할 것 같습니다. 물론 RSA 암호체계에는 소수 배열 외의 다른 코드$_{code}$도 포함되어 있어 소수 공식이 나온다고 암호가 바로 깨지지는 않을 것이라고 합니다.

숫자만큼이나 많은 것이 우주의 별들입니다. 우주 공간의 별들은 아무렇게나 흩어져 있는 것일까요? 우주는 자연이므로 자연수의 세계처럼 소수에 해당하는 별은 중심(또는 원점)에서 직접 빛을 받는 위치에 있고, 그렇지 않은 별들은 앞의 별의 뒤에서 빛을 받아야 하는 위치에 있을까요? 또 소수 별들은 일정한 규칙에 따라 배열되어 있는 것은 아닐까요?

자연수의 원소를 1이라 하고 자연이 원소를 기본으로 구성되어 있다고 하면 자연수와 자연 세계의 원소들은 서로 비슷한 법칙에 따라 움직일지도 모릅니다. 이를 밝혀내는 것은 과학자가 되려는 여러분들이 하실 일입니다. 이런 어려운 문제들이 많이 남아 있다니 수학을 공부하면 괜히 더 고생할 것 같다는 걱정을 할지도 모르겠지만 그런 염려는 안 하셔도 될 것 같습니다. 수와 별을 모두 만드시고,

그 배열이나 움직임의 원리를 다 출제하신 분께서 여러분
에게 항상 답을 주실 것이기 때문입니다.

마음이라는 말

'마음'이라는 아름다운 우리말은 언제부터 쓰인 걸까
요?

앞에서도 이야기했지만 《삼국유사》는 고려시대의 고
승 일연 스님이 쓴 삼국시대의 역사책입니다. 물론 한자로
써 있습니다. 신라, 고구려, 백제의 역사를 주로 하지만 그

이전인 고조선의 고대사와 신라 삼국 통일 이후의 후삼국시대까지도 적고 있습니다. 후반에는 불교 전래의 역사와 사찰, 불탑에 대한 설명, 고승들의 행적, 일반 신도들의 기이한 경험 등도 적고 있습니다. 이 역사책은 그 이전인 1145년에 고려 17대 국왕 인종의 명에 의해 김부식이 편찬한 《삼국사기》보다 100년 정도 뒤에 나온 책입니다. 정부 기관에서 편찬한 것이 아니고 스님이 만든 책이라 비교적 자유로이 여러 가지 이야기를 기록하고 있습니다. 그 중 스님들이나 민간에서 일반인들이 불렀던 가요, 즉 향가를 14수나 기록하고 있어 그 가치가 매우 높습니다.

신라시대 민간의 노래는 어땠을까요? 악보는 물론 없고 가사만 전해 오는데 그것도 한자로 뜻과 발음을 기록하는 방법을 썼습니다. 그래서 글자의 일부(주로 주어나 목적어)는 한자로 쓰고 조사나 어미, 동사 부분은 우리말의 소리를 비슷한 한자로 표기하는 방법을 썼습니다. 이 뒷부분, 즉 조사나 어미, 동사 부분을 표기한 한자를 향찰 또는 이두라고 합니다. 이 이두는 고대 우리말의 발음을 알아내는 연구에 중요한 기초가 됩니다. 이런 식으로 한자의 전부 또는 일부를 떼어 발음을 표기하는 방식은 일본어가 음절을 단위로 해서 가나를 만든 방식이기도 합니다. 혹시 이두가 일본어에 영향을 미친 것이 아닌가 해서 한일 양국 학자 간에 관심이 크다고 합니다.

《삼국유사》에 나오는 향가 14수와 서기 1075년에 나왔다는 책인 《균여전》(고려의 학자 혁련정이 균여 대사(923~973)의 행적을 기록한 책)에 나오는 향가 11수를 합친 25수를 최초로 연구해서 책으로 낸 사람은 1920년 대 경성제국대학에 와 있던 일본인 교수 오구라 신페이(1882~1944)였습니다. (일본에 한자를 가르친 사람은 백제의 왕인 박사인데 그때가 4세기이니 원래는 우리나라 사람이 일본의 스승이었던 거죠.)

향가 25수의 해설은 오구라 교수 이후 스스로를 국보라 칭하신 양주동 박사(1903~1977)에 의해 해독 및 한글

화 작업이 이루어졌습니다. 그리고 그 후 현재까지도 많은 학자들이 연구하고 있습니다. 그중 《삼국사기》에 나오는 〈찬기파랑가讚耆婆郎歌〉는 고등학교 국어 교과서에 실리기도 한 잘 알려진 향가인데 신라시대의 화랑도 중의 한 명인 기파랑을 추모하는 노래라고 합니다. 그 내용 중 '기파랑이 지니시던 마음의 끝을 따르련다'라고 해석되는 부분은 '心未際叱肟逐內良齊심미제질힐축내량제'라고 표기되어 있는데 이를 '마음의 가를 좇아…'라는 뜻으로 풀이하고 있습니다. '심미'를 '마음에'로 풀면 심心은 '마음'으로, 미未는 '에'나 '메'로 푸는 것이니 미는 조사로 보는 셈이겠지요. 이런 뜻 부분과 조사의 결합의 예는 〈모죽지랑가慕竹旨郎歌〉에도 나옵니다. '去隱春皆理米거은춘개리미'를 '가는 봄 그리며'로 해독하는 것이 그 예입니다. 〈모죽지랑가〉에도 마음 심心이 나오는데 '郎也慕理尸心未行乎尸道尸랑야모리시심미행호시도시'는 '랑아, 그리운 마음의 가는 길이'라고 해석되어 있습니다. 역시 '心未심미'가 '마음의'로 읽힙니다.

이와 같은 난해한 문장의 해석은 마침《삼국유사》에서 이 향가들의 전후에 이 노래를 부른 이유와 대략의 뜻이 한문으로 설명되어 있어서 가능했던 것 같습니다.《균여전》에서도 11수 중 10수는 한자로 뜻을 풀이해 주고 있습니다. 모두 25수가 있고 다른 향가에서 쓰인 적이 있는 말도 있어 이를 잘 추적하면 해독이 가능합니다. 하지만 이미 나온 해석을 보고도 향가를 읽기 어려운데, 처음부터 해석하는 작업은 매우 어려웠을 것임이 분명합니다. 그래서 양주동 박사께서 오직 국보급 천재만이 이 일을 할 수 있다고 호언하신 것 같습니다.

《삼국유사》의 기록에서 보듯이 '마음'이라는 말은 신라시대 이전부터 쓰인 우리말임이 틀림없습니다. 그렇다면 이 말과 항상 짝을 이루는 '몸'이라는 말도 그때부터 있었을 것 같은데 이 말이 나오는 문헌은 좀 더 찾아보아야 합니다. 여러분도 이에 동참하면 재미있을 것 같습니다.

귀가 좋아야 하는 이유

2008년 초 한 대학교 총장께서 미국에 가서는 orange 를 "오륀지"라고 해야 미국 사람들이 알아듣고, "오렌지" 라고 하면 잘 못 알아듣는다고 이야기해 화제가 된 적이 있습니다. (그 총장의 실제 발음은 "오뤤지"에 가까웠는데 당시 신문 인쇄에 쓰이는 자판에 '뤤'이 없어서 '륀'으로 보도했다는 이야기도 있습니다.) 그러나 오렌지를 잘 못 알아듣는 것은 '륀' 때문이라기보다는 발음의 강세가 '오'가 아니라 '렌' 쪽에 가 붙어서 그런 것이 아닌가 하는 생각이 듭니다. "오렌지"라고 하더라도 '오'에 강세를 주어서 "오ㅎ렌지"라고 하면 대부분 알아듣지 않았을까요?

영어 발음으로 고생을 많이 하는 국가는 단연 일본일 것입니다. 일본은 20세기 초 로마자 표기법을 만들어 엄격하게 지켜오고 있는데, 기본단위가 한 음절씩으로 되어 있는 일본 문자의 구조상 자음과 모음으로 되어 있는 영어의 발음을 표현하기 어려운 경우가 많습니다. 맥도날드는 マクドナルド(마구도나루도)로 표기·발음되고, 초콜릿은 チョコレート(초코레에토)로 표기·발음됩니다. 요즘에는 영어를 원문대로 표기하고 처음부터 원어민 발음으로 배우는 사람들이 늘어나 일본 사람들의 영어 발음이 많이 좋아졌다고 합니다.

우리가 영어 발음을 할 때는 강약을 중심으로 연습해

야 하지만, 우리말을 배우는 영어권 외국인들은 우리말 발음의 장단을 익히는 데 많은 노력을 들입니다. '밥이 되다'와 '밥이 되-다'는 전혀 다른 뜻이지요? 우리는 발음의 장단이 어릴 때부터 몸에 배어 이를 구분 사용하는 데 전혀 어려움이 없습니다만 외국 사람들은 이를 매우 어려워합니다. 그에 비하면 우리가 "오ㅎ렌지"로 발음하는 것은 강약에 조금 주의하면 되므로 크게 어려운 것은 아닌 것 같습니다. 이렇게 원음에 가깝게 영어 등의 외국어를 우리의 글로 표기할 수 있는 것만 보아도 한글의 우수성을 알 수 있습니다.

이야기를 신라, 고구려, 백제가 있던 삼국시대로 옮겨서 계속 해보겠습니다. 그때는 한글이 없었으니 우리말의 발음을 어떻게 표기했을까요? 한자는 상형문자에서 출발한 표의문자(뜻글자)여서 발음기호가 아닙니다. 그래서 발음만을 표시하는 기호로 쓰기에는 적당치 않습니다. 예를 들어 아이들이 가장 먼저 배우는 단어인 '엄마'나 '맘마' 같은 단어를 표기하는 것은 한자로는 매우 어렵습니다. 이십 년쯤 전에 중국 북경에 간 적이 있는데 'Coca Cola'를 '可口可樂'이라고 표기하고 있어서 신기하게 생각한 일이 있습니다. 발음을 표기하면서 뜻도 비슷하게 해보려고 노력한 것 같습니다. 'Kentucky Fried Chicken'도 '肯德基'로 표기되어 있었는데 발음은 비슷하나 뜻은 전혀 알 수 없습니다.

삼국시대의 우리나라 사람들도 우리말을 소리 나는 대로 적는 수단은 별로 없었던 것 같습니다. 신라시대의 향가는 토씨나 어미 등을 우리말 발음과 비슷한 발음이 나는 한자로 표기해 우리말을 기록하고 있는데, 모든 발음을 자유로이 적을 수 있는 문자나 기호는 없었습니다. 그래서 그 후 조선시대에 이르러 세종대왕께서 이런 불편을 해소하고자 한글을 만드셨습니다. (만드실 때의 이름은 훈민정음이었고, 한글이라고 불리게 된 것은 19세기에 이르러 주시경 선생께서 한글이라고 하신 때부터입니다.)

삼국시대에는 외국어인 한자의 발음은 원산지인 중국의 발음을 그대로 수입해서 썼을 것으로 추측됩니다. 그래서 오늘날까지도 우리나라의 한자 발음은 중국의 고대 발음과 비슷하다고 합니다. 덕분에 중국의 고대 문서는 우리나라 사람들 중에서 한자 공부를 많이 하신 분들은 비교적 쉽게 해독할 수 있습니다. 이런 면에서 고대 이집트나 메소포타미아 지역의 문자 기록들을 해독하는 데 많은 고생을 하고 있는 서양 사람들에 비하면 고대 한자 문자의 해독은 쉬운 편이라고 할 수 있습니다.

외국어의 발음을 잘하려면 귀가 좋아야 합니다. 귀는 특별히 훈련하지 않아도 매우 빠르게 반응합니다. 배가 고플 때 밥 먹으라는 소리를 들으면 몸은 번개같이 반응합니다. 그러나 이렇게 빠른 반면에 정확도는 다소 떨어집니다. 배가 고픈 사람에게 "밥을 지어라"라고 조그만 소리로 말하면 아마도 '밥'이라는 소리에만 귀가 쏠려(눈은 잘 쏠리지 않습니다) 금방 밥상으로 달려올 것입니다. 물론 잠시

후엔 크게 실망하겠지만.

외국어를 알아듣는 귀의 능력은 영어의 본거지인 영국 사람들의 것도 썩 신통하지는 않은 것 같습니다. 영어 'wolf'는 이탈리아어로는 'lupo'입니다. (라틴어 lupus가 그 어원입니다.) 영어 'garlic'은 이탈리아어로 'aglio'입니다. (라틴어 allium이 그 어원입니다.) 루뽀가 울프로, 알리오가 갈릭으로 들리다니! 받아적기 시험이었다면 50점 이하이겠지요?

프랑스어를 알아듣는 귀도 별로입니다. 'jardin'은 영국으로 오면서 garden이 되고, 고양이를 뜻하는 'chat'은 cat이 되었습니다.

이렇게 보면 우리의 영어 발음이 다소 부정확한 것은 크게 부끄러워할 일이 아닙니다. 악센트만 좀 신경 써서 큰 목소리로 영어를 말하면 되지 않을까요?

붙임글1

프랑스의 언어학자인 베르나르 체르키글리니Bernard Cerquiglini 는 2024년 3월에《The English language doesn't exist. It's badly pronounces French》(La langue anglaise n'existe pas. C'est du francais mal prononce가 프랑스어 제목입니다) 라는 책을 출간했는데, 프랑스어가 영어에 끼친 영향을 강조하고 있습니다. 물론 프랑스어가 영어보다 우월한 언어임도 주장하고 있습니다. 영국 사람들의 반론이 기대됩니다.

붙임글 2

외국어의 발음을 원음대로 할 필요가 없는 경우도 있습니다.

불교 스님들과 신도들이 외우는 주문('진언眞言'이라고도 합니다)은 부처님의 가르침을 암송할 수 있도록 만든 글입니다. 우리가 흔히 듣는 '아제아제바라아제바라승아제,모지사바하(〈반야심경〉에 나오는 진언으로 해탈에 이른 기쁨을 표현한 주문이라고 합니다. 한자 표기는 揭諦揭諦波羅揭諦波羅僧揭諦, 菩提娑婆訶인데 한글 발음과 약간 다릅니다)'와 같은 것이 그것입니다.

석가모니와 그 제자들의 설법은 기원전 6세기 당시의 고대 인도어(산스크리트Sanskrit어, 프라크리트Prakrit어, 팔리Pali어 등)로 구술되어 전해졌고, 그 후 브라흐미 계통의 문자(Brahmi script, 범어의 문자)로 표기되어 전해졌다고 합니다. 이 범자문의 기록이 4세기경 인도의 구마라집 스님에 의해 한문으로 번역되어 중국(춘추전국시대의 후량, 후진)에 전해지고, 그 후 7세기경에는 당나라의 현장 스님에 의해 추가로 번역되어 당나라에 전해졌습니다. 이때 중국에서는 이 범어를 실담문자悉曇文字, Siddham script라고 불렀는데, 경전 관련 문서의 서두에는 '완전함'을 뜻하는 'Siddahm'이라는 산스트리트어가 범어의 문자로 표기되어 있어 그 문자를 실담문자라고 칭한 것 같습니다. 우리나라에는 삼국시대인 6세기경에 불교가 전래되었으므로 불경이나 주문들은 당시에 중국에서 쓰이던 한문 번역이 들여와 쓰였을 것입니다. (일부 경전에는 실담문자도 병기되어 있었다고 하는데, 아마도 원어의 의미에도 관심이 있어서 표기한 것으로 추측하고 있습니다.)

한글이 만들어진 이후에는 한문 불경이 한글로 번역되고, 진언같이 소리 내어 읽는 말씀이나 주문에는 한글 음역에 범어의 문자(실담문자) 표기도 추가되어 원어 발음과 원어로서의 의미도 알 수 있도록 한 것 같습니다.

지금 문화재로 전해지는 '진언집^{眞言集}'들 중에는 한문 진언에 한글 음역을 붙이고 원문인 범문 표기까지 해서 3개 문자가 병기되어 있습니다. 그런데 이 한문의 한글 음역은 인도 현지의 범어 발음을 표기한 것이 아니라, 한문을 음역한 것이어서 범어 원음과는 차이가 있을 것입니다. 그러나 오랫동안 한문 발음으로 암송되어 그 자체로 종교적 신비감이 생긴 주문을 다시 범어의 원음으로 고쳐 읽는 것은 별로 행해지지 않았던 것 같습니다. '아제아제바라아제…'를 굳이 범어 발음이라고 하는 'Gate Gate Paragate…'로 고쳐 읽지 않더라도 그 암송의 효과가 달라질 것 같지는 않았기 때문이겠지요.

이 주문의 의미는 어떻게 읽던 '가라, 가라, 저편으로 가라, 저편으로 완전히 가라, 깨달음이여, 찬탄하라'라고 합니다. 이 주문의 한자 표기는 'Gate Gate…'를 '揭諦揭諦…'와 같이 범어의 발음만을 묘사한 것이라 이 글자만으로는 그 뜻을 알 수 없습니다. 읽는 방법이 어떻든 주문의 원래의 뜻을 아는 것은 필요하고, 이런 관점에서 범어 주문과 불경의 해석 작업은 아시아 여러 나라에서 고대 인도의 언어와 문자의 연구와 더불어 활발하게 진행되고 있는 것 같습니다.

숫자 e의 정체

숫자 중에는 1, 2, 3, 4 등 자연수나 그 결합으로 표시할 수 없는 무리하게 긴 숫자들이 있습니다. 그런 무리수 중의 하나가 e라는 숫자인데, 대략 2.71828쯤 되는 수입니다. 3.14165쯤 되는 π와 닮은 데가 있지요. 이 둘이 또 다른 기묘한 숫자인 허수 i와 어우러지면 의외로 멋진 수

가 탄생하는데 바로 스위스 출신의 수학자 오일러가 발견
한 $e^{i\pi}$라는 수치입니다. (계산하면 −1이 된다고 하네요.)

e는 자연의 수라고도 하는데 여러 자연 현상이 이 수
의 성질과 닮았다고 해서 붙여진 이름입니다. π도 원의 지
름과 원의 둘레의 비율을 나타내는 수이니 자연의 일부이
기도 하지요. 그런데 e는 가만히 있는 것이 아니라 변화
하는 것들의 증가율 같은 움직이는 현상과 관련이 있다고
해요. 무엇보다 이 수는 로그함수의 밑으로 쓰일 경우, 여
러 가지 기능을 하는 것이 발견되어서 수학이나 과학에서
유용하게 쓰이고 있다고 합니다. $\log_e 2 \cong 0.69$, 즉 $2 \cong e$
$^{0.69}$가 되고, $\ln 100 \cong 4.6$($\log_e 100$을 이렇게 줄여서 씁니다)
이므로 $100 \cong e^{4.6}$이 되겠지요.

기존의 수 2, 3, 4 등은 1을 기초로 해서 만들어진 수입
니다. e를 기초로 해서 이들을 'e의 몇 제곱'으로 환산해
쓸 수 있습니다. 물론 계산이 매우 복잡해지겠지요. 월급
이나 음식 가격을 e의 몇 제곱으로 표시해 보면 알 것입니

다. 그러나 e라는 숫자는 e^x를 미분해도 e^x가 되고 적분하면 $\frac{1}{x}$이 되는 간략한 성질이 있어 여러 계산에 편리하게 이용됩니다. 그래서 e를 기초로 하는 수의 체계도 과학의 세계에서는 쓸모가 많다고 합니다.

여러분은 또 어떤 유용한 수를 발견하고 싶으신지요?

붙임글

영국의 시인 린던Lindon이란 분은 "각 변의 길이가 -1피트인 정육면체를 각 변의 길이가 1피트인 정육면체와 결합하면 어떻게 될까?"라는 질문에 대한 답을 구했습니다. $1^3=1$이고 $1^{-3}=-1$이니 두 개를 합치면 부피는 0이 됩니다. 따라서 정육면체 두 개는 사라집니다. 그러나 두 육면체의 각 면은 넓이가 $1\times1=1$, $(-1)\times(-1)=1$이므로 면적이 각 $1f^2$인 면 12개가(바닥에) 남아 있게 됩니다. 이 얇은 평면은 부피가 0이므로 무게도 없고 질량도 없으나 분명히 평면으로 존재합니다.

이 이야기는 수학은 아니고 시poem입니다. 그러나 여러분의 상상력과 추리력으로 수학이 될 수도 있지 않을까요?

17년간의 여행

　　마르코 폴로Marco Polo(1254~1324)는 열여섯 살에 아버지 니콜로 폴로와 삼촌인 마페오 폴로를 따라 동방 여행을 떠납니다.

　　아버지와 삼촌은 마르코가 태어나기 전인 1253년(?)에 동방 여행을 떠났습니다. 이들은 중국까지 가서

1266년에 원나라의 쿠빌라이 칸(1215~1294, 칭기즈칸의 손자, 원나라 세조)을 만나고 돌아왔습니다(1269년경). 니콜로 폴로가 베니스에 돌아와서 보니 그동안 부인은 죽고 아들인 마르코는 친척들의 보살핌으로 자라서 열다섯 살 청년이 되어 있었습니다.

두 번째 여행에서는 마르코를 데리고 세 사람이 여행을 떠납니다. 폴로 집안은 대대로 베니스의 상인으로서 동방 여행도 사업을 확장할 기회를 찾기 위해서였습니다.

두 번째 여행(1271~1295의 17년간)에서 세 사람은 원나라까지 도착해서 다시 쿠빌라이 칸을 만납니다. 그리고 칸이 궁금해하는 서양 소식을 전해주고 여러 가지 사무를 봐주면서 지내게 됩니다. 그러던 중 쿠빌라이 칸이 죽으면 그때도 그들의 지위가 보장되리라는 확신이 없어지자 베니스로 돌아가고자 했습니다. 그때 마침 중동 페르시아 지역의 원나라 지배 구역의 칸(쿠빌라이의 종조카)의 부인이 죽었습니다. 관례에 따라 새 부인을 쿠빌라이 칸이 천거했고, 폴로 일행이 그 부인 후보를 모시고 중동으로 가게 되었습니다(1290년경). 14척의 배에 수백 명의 호위 인원이 타고 출발했는데 싱가폴, 수마트라, 인디아를 거쳐 아라비아반도의 호르무즈항까지 가는 2년여의 항해였다고 합니다. 페르시아에 도착했을 때는 부인 후보와 십여 명의 호송 인원만 남았을 정도로 험난한 여정이었습니다. 다행히도 폴로 가족은 세 사람 모두 무사했습니다. 그리고 여기서 세 사람은 고향인 베니스로 돌아갔습니다.

베니스로 돌아온 젊은 마르코 폴로는 때마침 벌어진 베니스와 제노아 간의 전쟁에 베니스 해군으로 참가했다가 포로가 되었습니다. 제노아의 감옥에 한동안 갇혀 있게 된 마르코 폴로는 같은 감옥에서 소설가인 피사 출신 루스티첼로Rustichello를 만났습니다. 그에게 자기의 동방 여행 경험을 이야기했고, 루스티첼로가 이 이야기를 여행기로 써서 책으로 펴내자고 제의했습니다. 마르코가 이야기하고 이 소설가가 글로 써서 필사본 책으로 출간한 것이 '세계의 신비'라는 제목의 여행기입니다. 워낙 근사한 여행기이고 작가 또한《아서왕 이야기》를 쓰기도 한 인기 작가여서 금방 베스트셀러가 되었다고 합니다. 소설가답게 마르코의 여행 이야기를 소설처럼 각색하고 부풀려서 썼기 때문에 재미있었던 모양입니다.

원래 이 여행기는 제노아, 피사 등이 있는 이탈리아 북부 지역에서 쓰이는 프랑스어로 쓰였습니다. 그 후에 프랑스어, 라틴어 등으로 번역되어 널리 퍼졌고, 이 번역본들이 오늘날까지 전해져 오고 있습니다. 영어본은 이들을 기초로 한 것인데, 그중 널리 읽히는 영어본이 1958년 펭귄북스Penguin Books에서 나온《동방견문록The Travels of Marco Polo》입니다. 이 펭귄북스 영문판의 번역자는 옥스퍼드Oxford 출신의 고전 번역가인 로널드 라담Ronald Latham(1907~1992)입니다. 라틴어, 프랑스어 등 외국어에 능통한 분이어서 그 번역본이 지금도 권위를 인정받고 있는 것 같습니다.

폴로 가족이 호위하고 가던 원나라의 신부와 결혼할

예정이던 중동 지역의 칸은 어떻게 되었을까요? 그는 신붓감이 도착하기도 전에 죽고 말았고, 이 신부는 그의 아들과 결혼하게 되었다고 합니다. 당시 원나라는 통치의 수단으로 지역의 칸이나 왕에게 원나라 황실의 딸과 결혼하게 하는 풍습이 있었습니다.

폴로 가족이 원나라 공주를 호위하고 페르시아로 가던 때가 1290년경이었습니다. 당시 우리나라 고려에서는 충렬왕(1236~1308, 25대 국왕)이 쿠빌라이 칸의 딸과 결혼해(1274년) 살고 있었습니다. 그 아들인 충선왕(1275~1325)은 어린 시절을 외가인 원나라의 수도 대도(북경 근처)에서 보냈습니다. 그러므로 폴로 가족의 이야기를 들었을 가능성도 있으나 고려의 기록에는 폴로 가족의 이름이 나오지 않습니다.

마르코 폴로는 《동방견문록》으로 유명해지고 사업도 성공한 덕분에 베니스에서 세 딸을 기르며 잘 살았다고 합니다. 그리고 마르코 폴로의 여행기를 읽고, 중국과 인도에 대한 환상으로 동방을 여행하려는 사람들이 많이 나왔습니다. 그중 한 사람이 이탈리아 제노아 출신의 콜럼버스Columbus(1451~1506)입니다. 이 사람은 자기 나라에서는 후원자를 구하지 못하고 당시 해운 강국이던 스페인에 가서 이사벨 여왕의 후원을 받아 동방 항해를 떠났습니다. 1493년부터 1504년까지 4차에 걸친 항해를 통해 바하마, 쿠바 등의 섬들과 남아메리카 대륙에 상륙해 식민지를 개척했습니다. 그는 죽을 때까지 이곳들이 인도라고 생각했으나 실은 아메리카 대륙을 발견한 것이었습니다. 인도, 중국으로 가는 뱃길을 찾다가 그보다 더 큰 대륙을 찾았으니 역사적으로는 더 큰 일을 한 셈입니다. 그리고 폴로 가족보다 더 큰 인물로 오늘날까지 추앙받고 있어서 폴로 가족으로서는 다소 억울한 일이기도 합니다.

우리나라에도 폴로 가족을 능가할 만한 탐험가가 있었습니다. 바로 신라시대의 스님인 혜초(704~787)입니다. 혜초 스님도 15세 정도 되던 때(719년경)에 신라를 출발해 당나라에 4년 정도 머물다가 수마트라, 스리랑카, 인도 등 석가모니가 불법을 설파하던 여러 장소를 돌아보았습니다. 그 후 이란, 우즈베키스탄, 아프가니스탄, 파미르고원, 카슈가르 지역을 8년간에 걸쳐 답사하고 727년경에 당나라로 돌아왔습니다. 당나라에서는 불교 경전을 번역하고 수도하면서 지냈다고 합니다. 여행을 마치고 당나라로 돌아온 후에 여행기를 3권의 책으로 썼습니다. (한문으로 썼는데 문장이 간명하며 사실적입니다.) 그것이 바로《왕오천축국전》입니다. 왕오천축국은 '다섯 개의 천축국(인도)을 가다'라는 뜻입니다.

이 책의 원본은 없는데 일부 훼손된 필사본(또는 요약본) 하나가 1908년 중국 서북부의 둔황 석굴에서 프랑스의 학자 폴 펠리오Paul Pelliot(1878~1945)에 의해 발견되었습니다. 이 사본은 길이 358cm의 종이 두루마리로 227행, 5,893자의 글자가 남아 있습니다. 프랑스 파리에 있는 국립도서관에 보관되어 있는데 10여 년 전에 우리나라 국립중앙박물관에서 전시된 적도 있습니다.

폴로 가족보다 500년도 더 전에 당나라를 거쳐 인도 각지와 중앙아시아를 8년이나 탐험하는 일은 결코 쉽지 않았을 것입니다. 그것도 어린 나이에 말입니다. (어린 나이에 승려가 된 것으로 보아 귀족이었을 가능성이 크고, 수행원이 있었을 수도 있습니다.) 오직 강한 의지와 탐구 정신이 이를 가능하게 했을 것이라 생각합니다.

고려시대의 일연 스님이 편찬한《삼국유사》제4권 〈귀축제사歸竺諸師〉에는 불법을 구하고자 천축국을 찾아간 신라의 고승들의 이름이 10여 명 나오는데, 신라로 돌아온 분은 없다고 합니다. 이 〈귀축제사〉에는 천축인이 신라를 '구구타예설라矩矩吒㗩說羅'라고 불렀다는 기록이 있습니다. '구구타'는 닭을, '예설라'는 귀하다는 뜻입니다. 신라 사람들이 닭을 귀하게 여기는 풍습이 있어 관에 닭 볏을 올려서 장식했다고 합니다. 그 옛날에도 닭은 인도나 신라에서 "꼬꼬댁" 하고 울었나 봅니다.

오늘날에도 폴로 가족, 콜럼버스, 혜초 스님같이 새로운 길이나 땅을 찾아 나서는 사람들이 많이 있습니다. 여러분들의 꿈과 탐구 정신으로 달과 화성 등에 새로운 삶의 터전을 개척하는 일이 곧 시작되기를 기대합니다.

호칭의 변천사

북한은 2020년 12월 4일에 열린 최고인민위원회 제
14기 제12차 전원회의에서 '반동사상문화배격법'을 채택
해서 시행했다고 합니다. 이 법은 남조선(남한)의 영화나
녹화물, 노래, 그림 등을 보거나 듣거나 보관하는 사람을
징역에 처하고, 이를 유입·유포한 사람은 사형에 처할 수

있게 하고 있습니다. 또 남조선식으로 말하거나 글을 쓰거나 남조선 창법으로 노래를 부르거나 남조선 서체로 인쇄물을 만든 자는 징역형에 처하게 하고 있습니다. 이에 따라 남편을 "오빠"라고 부르면 노동교화소, 즉 교도소에 보내질 수 있습니다.

북한 사회의 무시무시한 법률을 소개해서 분위기가 좀 좋지 않지만, 남편의 호칭 문제는 북한에서도 어려운 문제인 것 같습니다. 우리나라에서는 아내가 남편을 어떻게 부르든지 법률은 아무런 규제를 하고 있지 않습니다. 그러나 규제가 없다고 하더라도 남편을 어떻게 부를지는 그렇게 쉬운 일은 아닙니다. 신혼부부가 두 사람만 있을 때 부르는 칭호(당신, 자기, 오빠 등)와 부모, 친척들 앞에서 부르는 칭호(남편, …씨 등), 친구들과 있을 때 부르는 칭호(남편, 그이, …씨, 그 사람, 심지어 개 등)가 조금씩 다릅니다. 또 아이를 낳아 기를 때의 호칭(아기 아빠, 아빠)이 다르고, 결혼생활의 기간이 어느 정도 지나면 또 변하고, 나이를 먹으면 또 다른 호칭이 생깁니다.

　나이가 든 부부의 경우, 부인이 남편을 부르는 호칭 중에 '영감'이라는 말이 있습니다. 이 말은 조선시대의 벼슬의 호칭 중의 하나입니다. 임금님이 상감, 그 아래가 대감(총리나 장관급), 그다음이 영감(차관이나 국장급 관리)이었다고 합니다. 얼마 전까지도 판사나 검사, 국회의원 등을 보통 사람들이 이런 말로 불렀습니다. 우리나라 대법원에서는 1962년에 판사를 '영감'이라 부르지 말도록 하는 훈령을 내렸습니다. 아마도 가장 나중까지 이 칭호를 쓴 곳이 법원이었던가 봅니다. 고등고시(행정 고급 공무원 또는 법관, 검사, 변호사의 자격을 검정하기 위해 실시하던 자격시험. 행정과, 사법과, 기술과로 나누어 실시하다가 1963년에 폐지했으며 사법과만 사법시험으로 바뀜)에 합격해 판사로 임관한 사람들 중에는 20대인 사람들도 있었으니 이 사람들이 '영감'이라고 불렀을 때 기분이 이상했을 것이고, 부르는 사람도 쑥스러웠을 것 같습니다. 요즘에도 간혹 이 말을 쓸 때가 있습니다. 국회의원이나 재벌 회사의 총수를 보좌하는 사람들이 자기들끼리 의원이나 총수를 가리켜 이야기할 때가 그 경우입니다. "영감 생각인 것 같다"는 등으로 이야기하는데, 당사자 면전에서는 절대 이 호칭을 쓰지 않습니다. 부인들이 자기들끼리 이야기할 때 남편을 '영감'이라고 하는 경우도 있습니다. 약간 흉을 보거나 불만을 이야기할 때는 "영감인지 땡감인지 하는 사람"이라는 식으로 좀 더 나쁘게 말하는 것 같기도 합니다. 하지만 결코 미워서나 사랑하지 않아서 하는 말은 아닌 것 같습니다.

앞에서 말한 북한법은 남편을 "오빠"라고 부르는 경우를 처벌할 것이라 하는데, 우리나라에서는 이 호칭이 꽤 오래전부터 애용되어 왔고 지금도 많은 사람들이 사용하고 있습니다. 결혼하기 전부터 남자 친구를 "오빠"라고 부르다가 결혼한 후에도 계속 부르게 되어 남편을 부르는 말로 된 것 같습니다. 출산율이 줄어들어 언니나 오빠가 잘 없어서 남자 친구와 남편을 오빠라고 부르게 되었나 생각해 봅니다. 그러나 남편이 아내를 "누나"라고 부르는 경우는(일부러 연상의 아내를 놀리려고 그렇게 부르는 때를 제외하고는) 별로 없는 듯하므로 반드시 형제가 많지 않아서인 것 같지는 않습니다.

촌수로 0촌인 가장 가까운 가족을 "당신"이라고 부르자니 너무 먼 듯하고, "자기"라고 끌어당겨 부르니 조금 오글거려서 결혼 전부터 불렀고 또 어감도 그다지 나쁘지 않은 "오빠"를 계속 사용하는 것인지도 모르겠습니다. 발성으로 보아도 밝은 음이고, 톤tone을 높일 수 있어 편리한 점도 그 이유 중 하나일 수 있을 것 같습니다. 그래서 북한에서 처벌을 하든 말든 이 호칭은 당분간 더 쓰일 것 같고, 이보다 나은 호칭이 조만간 나타날 것 같지도 않습니다.

나중에 저의 손주가 결혼해서 저에게 남편을 어떻게 부르면 좋을지 물어 온다면, 저는 이름에 '님'을 부쳐서 평생 부르라고 하고 싶습니다. 어색할지 모르나 주위에서 보기에도 사랑스럽고, 아이들이 듣기에도 편할 것 같습니다.

아이들도 아빠를 "…님"이라고 부르려고 할지 모르겠지만 그 또한 OK 아닐까요?

내친김에 우리 사회에서의 호칭 전반을 볼까요? 아까 말한 영감은 이제 쓸 필요가 없겠지만 'you'를 부르는데 우리는 매우 많은 고민을 합니다. 남편이나 아내뿐만 아니라 부모와 자식, 친구나 직장 동료, 상사, 부하 사이에서 상대를 어떻게 부를지 여러 가지 고려할 사항이 많아 고민스럽습니다. 자세한 연구를 하기 전에 일단 모든 'you'를 '님'으로 바꾸어 그 어감을 한번 테스트해 보는 것은 어떨까요? 의외로 많은 경우에 쓸 만한 호칭이라는 것을 알게 될 것입니다. 친구끼리도 "…님"('놈'이 아닙니다), 직장에서도 "…님"이라고 불러 보기 바랍니다. 저는 직장의 여러분들이 저를 "…님"이라고 불러주면 기분이 좋을 것 같습니다.

벡터, 움직이는 수

벡터vector는 길이와 방향을 표시한 선분(양쪽 끝이 있는 직선)입니다.

데카르트라는 프랑스의 수학자이자 철학자는 누워서 천장을 보면서 '천장에 붙어 있는 벌레의 위치를 수로 표시하면 보다 과학적이지 않을까' 하는 생각을 했다고 합니다. 이분은 "생각이 존재의 증거"라고 말했다고 합니다. 프랑스 사람이니 "Je pence, donc je suis"라고 했겠지요. 글로 쓸 때는 유식한 철학자이니 라틴어를 이용해 "Cogito, ergo sum"이라고 했을 것이고요.

데카르트는 천장과 같은 평면을 가로축(x축)과 세로축(y축)으로 나누어 4등분 하고, 두 축이 교차하는 점을 '0, 0'으로 해서 평면상의 모든 점을 표시하는 방법을 고안했습니다. 평면상의 모든 점들은 전부 'xi, yj'와 같은 점으로 표시할 수 있게 되었습니다. '1, 1'의 점은 원점(0, 0)에서 보면 오른쪽으로 45도 각도로 위를 향해서 $\sqrt{2}$의 거리에 있음을 알 수 있습니다. 원점에서 $\sqrt{2}$의 거리에 있는 모든 점들을 다 찍어 보면 어떻게 될까요? 반지름이 $\sqrt{2}$인 원이 그려지겠지요? 이 원은 $x^2+y^2=\sqrt{2}$인 방정식을 만족하는 모든 점(좌표, coordinates)을 나타내는 것이라고도 할 수 있습니다.

이제 데카르트의 침대에서 잠시 일어나 침실의 구석을

한번 볼까요? 그 구석은 바닥과 두 벽이 만나는 점입니다. x, y축에 z축이 수직으로 추가되어 있지요? 여기에도 원점$_{origin}$을 '0, 0, 0'으로 표시할 수 있습니다. 세 축이 만나므로 이것은 3차원 공간(두 축이 만나는 것은 2차원 평면)입니다. 이 공간 속의 한 점에 가만히 머물러서 흡혈 준비를 하고 있는 모기의 위치를 세 개의 수로 표시할 수 있겠지요? 그 모기를 노리고 있는 모기 채의 중심점도 마찬가지로 표시할 수 있을 것입니다.

3차원 공간의 원점(0, 0, 0)에서 '1, 1, 1' 점까지의 거리는 얼마일까요? $\sqrt{3}$인가요? 원점에서 $\sqrt{3}$의 거리만큼 떨어져 있는 모든 점을 다 합해 보면 어떤 모양일까요? 동그란 풍선 모양이 되겠지요? 원점에 $\sqrt{3}$의 거리 안에 있는 모든 점들을 다 합치면 뭐가 될까요? 구, 즉 둥근 덩어리가 되겠지요? 수학 시간에 풍선의 표면적을 구하는 문제, 둥근 덩어리(구체)의 부피를 구하는 문제를 풀어 보신 적이 있나요? $4\pi r^2$이나 $\frac{4}{3}\pi r^3$ 같은 공식을 외우고 있으면 간단하겠지만 그 공식을 유도해 내려면 쉽지는 않습니다.

x, y, z에 w축을 추가해 4차원 세계 속으로 들어가 '1, 1, 1, 1' 좌표를 찍어 볼까요? 여기서부터는 우리의 머리로는 상상이 잘 안 됩니다. '2, 2, 2, 2'로 가려면 어떻게 해야 할까요? 이 점을 우리의 눈에 보이게 나타내는 것은 저의 능력 밖입니다. 3차원에 '시간'을 추가해 현재의 '1, 1, 1'과 1초 후의 '1, 1, 1'의 위치를 동시에 보는 것을 4차원에 유사한 것으로 생각할 수는 있을 것 같습니다만. (이 부분에 흥미가 있으시면 아인슈타인 선생을 찾아가 보시기 바랍니다.)

이제 두 점의 관계를 볼까요? 우선 2차원 평면quadratic plane에서 보겠습니다. x축에서는 양수는 오른쪽, 음수는 왼쪽, y축에서는 양수는 위, 음수는 아래로 정해 둡니다. 출발점을 '0, 0'의 점으로 해서 이 점과 '1, 1'의 점을 연결하면 화살표가 하나 생깁니다. 원점 이외의 점과 또 다른 한 점을 연결해도 화살표가 하나 나옵니다. 이 화살들을 벡터라고 합니다. 이 평면을 이런 화살들로 모두 채울 수 있습니다.

이런 화살표들을 더하거나 빼거나, 곱하거나 나누는 것이 가능할까요? 수가 아니라 수 사이의 거리와 방향을 나타내는 화살표들을 수처럼 계산할 수 있을까요? 물론 가능합니다. 벡터의 덧셈, 뺄셈, 나눗셈, 곱셈을 우리의 조상들은 오래전부터 알고 있었습니다. 학문적으로 연구되기 시작한 것은 17세기경이라 합니다. 요즘에는 컴퓨터의 응용 프로그램을 만드는 데도 활용되고 있고, 전문가들 사이에서는 벡터를 이용한 계산법이 구구단처럼 여러 곳에 쓰이고 있다고 합니다.

좌표 평면상에서는 직선의 크기를 벡터로 수식화하고, 곡선의 움직임은 미적분으로 수식화해서 크기와 움직임과 방향을 수식으로 계산하고 있습니다. 앞으로는 이를 3차원 이상으로 확대해서 크기나 방향뿐만 아니라 인간의 감각이나 생각 등의 정보까지 수식으로 계산하게 될지도 모르겠습니다.

　기계가 계산할 수 있는 분야를 제한해서 우리의 친구
가 우리보다 AI와 더 친해지는 일이 생기지 않도록 해야
할 것 같습니다.

일주일간의 여행기,
그 시간과 공간의 무궁함

단테가 돌아가신 지 700년이 되는 해인 2021년에는 지구 여러 곳에서 이를 기념하는 전시회 등 각종 행사가 많았습니다.

단테의 대표적인 작품은 당시의 이탈리아어로 쓰인 서사시 《신곡》입니다. 단테가 43세 되는 해인 1308년에 쓰기 시작해서 죽기 전 해인 1320년에 완성했다고 합니다. 이 시는 〈지옥〉, 〈연옥〉, 〈천당〉의 여행기로 되어 있는데 첫 편인 〈지옥〉 편은 서시와 33개의 시, 〈연옥〉 편과 〈천국〉 편은 각 33개의 시, 합계 100개의 시로 구성되어 있습니다. 각 시canto는 이탈리아어 원문 기준으로 한 행이 11개의 음절로 되어 있고(그래서 11음절 시라고 하는데 이탈리아 시의 특징입니다), 세 행이 한 절(33음절)을 이루고 이런 삼 행 절이 40~50개로 되어 하나의 시를 완성하도록 되어 있습니다. 100편의 시를 다 합치면 모두 14,233행이 됩니다. 읽는 방법에 따라 차이가 나겠지만 대략 150,000여 음절syllables로 되어 있습니다.

각 절은 3행 중 두 번째 행의 마지막 단어의 발음 운을 다음 절의 시작 운으로 하는 형태로 연결됩니다. 다음에 인용된 《신곡》의 첫 번째 시에서 보듯이 1절(1~3행)의 중간 행인 2행의 마지막 단어의 음은 a인데, 이 음이 2절(4~6행)의 시작 운이 되고, 2절 중간 행인 5행의 마지막

단어의 음이 e인데 이것이 3절(7~9행)의 시작 운이 되는
구조입니다. 이렇게 해서 이 길고 긴 시는 그 운을 징검다
리로 해 다음 절로 이어갑니다.

1 Nel mezzo del cammin di nostra vita

2 mi ritrovai per una selva oscura

3 ché la diritta via era smarrita.

4 Ahi quanto a dir qual era è cosa dura

5 esta selva selvaggia e aspra e forte

6 che nel pensier rinova la paura!

7 Tant'è amara che poco è più morte;

8 ma per trattar del ben ch'i' vi trovai,

9 dirò de l'altre cose ch'i' v'ho scorte.

이 부분을 미국의 시인 롱펠로_{Longfellow}(1807~1882)는
다음과 같이 영어로 번역했습니다.

MIDWAY upon the journey of our life

I found myself within a forest dark,

For the straightforward pathway had been lost.

Ah me! how hard a thing it is to say

What was this forest savage, rough, and stern,

Which in the very thought renews the fear.

So bitter is it, death is little more;

But of the good to treat, which there I found,

Speak will I of the other things I saw there.

그러나 이 번역에서는 원문의 aba bcb cdc로 연결되

는 운은 사라지고, da Dum da Dum da Dum으로 리듬감을 살리는 영어식 운율로 대체되어 있습니다. 그러다 보니 운율에 맞는 단어를 쓰느라 뜻도 약간 달라지는 부분이 있습니다.

이런 면에서 전혀 계통이 다른 언어인 한글로 《신곡》을 번역하는 것은 더욱 어려운 작업일 것입니다. 원전의 의미를 전하면서 운을 맞추거나 리듬까지 전달하는 것은 쉽지 않기 때문입니다. (이에 비하면 성경의 우리말 번역은 그 뜻을 이해할 수 있을 뿐만 아니라 감동까지 받을 수 있으니 매우 훌륭한 번역이라 생각됩니다.)

《신곡》은 형식적인 정률성뿐만 아니라 내용에 있어서도 〈지옥〉 9단계(그 최하층에서 사탄으로 타락한 천사 루시퍼Lucifer가 고생하고 있습니다), 〈연옥〉에서 심판받을 죄목 9가지(교회에서의 퇴출, 뒤늦은 회개, 욕정, 탐식, 탐욕, 게으름, 저주, 시기, 교만), 〈천국〉의 9단계(에덴동산이 9단계)로 맞춰져 있습니다. 천국 최상층에 하나님의 성소인 엠피리언

Empyrean, 최상천最上天이 있습니다. 이곳이 9+1=10으로 천국이 완성되는 곳입니다. 단테가 마지막으로 구원받아 올라가는 곳이고, 이 대서사시의 마지막 부분이기도 합니다.

이 시를 이탈리아어로 소리 내어 다 읽으려면 1초에 한두 음절씩 읽어도 약 7,500초(약 20여 시간)이 걸릴 것입니다. 실제로 이탈리아어 녹음본을 들어보면 시 하나당 7분 전후로 전체 낭독에는 12시간 정도가 걸립니다.

그러나 이 장대한 시는 오직 일주일간의 여행기입니다. 출발일이 서기 1300년의 예수 순교일Good Friday의 전날(목요일)이고, 끝나는 날이 부활절 다음 수요일입니다. (그 당시 달력으로는 3월 중순경이었을 것입니다.) 일주일 만에 지옥과 연옥을 거쳐 천국을 두루 살피고 최상천까지 올라갔다니 대단한 스피드입니다. 우주여행을 꿈꾸고 있는 테슬라 회사의 일론 머스크Elon Musk 씨가 아주 부러워할 여행입니다.

몇 년에 걸친 천축국 여행의 결과를 기록한 신라시대

혜초 스님의 《왕오천축국전》은 남아 있는 부분이 10페이지가 채 안 되고, 16년에 걸친 원나라 여행을 기록한 마르코 폴로의 《동방견문록》도 약 300페이지 정도이니 《신곡》의 생산성은 대단합니다.

파인 김동환 시인이 1925년에 발표한 서사시 〈국경의 밤〉은 어느 한 겨울날의 저녁부터 다음 날 낮까지의 이틀 동안에 걸친 이야기입니다. 주인공인 처녀妻女가 그 생애와 애정과 의리와 슬픔을 3부 72장의 시로 노래하고 있습니다. 단테의 《신곡》은 그 제목 'Comedy'가 뜻하듯 해피 엔딩happy ending이지만, 〈국경의 밤〉은 슬프고 차갑고 애잔한 이야기입니다. 그러나 이 시는 우리말로 되어 있고 너무 길지도 않으니, 소리 내어 읽어 보면 우리말의 운율과 함께 내용이 주는 아름다운 감동도 느낄 수 있을 것입니다.

21일 차

'리듬'이라는 이름의 감동

앞의 〈6일 차_운율의 아름다움〉과 중복되는 이야기가 될 수도 있겠지만, 이번에는 '리듬'이라는 부분에 초점을 맞춰 이야기해 보는 시간을 가져보겠습니다.

운문(영어로는 verse, 산문은 prose)은 운이 있는 문장, 즉 시나 노래, 연극의 대사 같은 데 쓰이는 문장을 말합니다. 앞에서 언급했듯이 영시의 운은 rhyme이라고 합니다. 많은 영어 시가 rhyme을 잘 활용하고 있어서 읽는 즐거움을 주고 있습니다.

rhyme에 구애되지 않고 단어의 강약을 규칙적으로 해서 리듬감을 주는 방법, 즉 율격도 많이 쓰입니다. 영어로 된 시에는 열 개의 단어를 둘씩 한 짝으로 해서 '약-강 약-강(da-Dum da-Dum)'의 순으로 전개해 나가는 방식이 많은데 영국의 시인이며 극작가인 셰익스피어의 시나 희곡에 잘 나타나 있습니다. 또 영국 시인 존 밀턴의 대서사시 《실낙원》이 이 리듬을 기본으로 해서 만들어진 시로 알려져 있습니다.

rhyme을 잘 맞춘 시나 노래는 아주 많습니다. 그중 우리가 잘 아는 〈Twinkle, Twinkle, Little Star〉나 비틀스가 부른 노래 〈Yesterday〉, 그리고 영어는 아니지만 우리나라의 방탄소년단이 부른 〈No More Dream〉이 대표적이라 할 수 있습니다. 우리말은 받침이나 어미로 끝나는 경우가 있어 rhyme 맞추기가 쉽지 않은데 방탄소년단의 이 노래는 이를 잘 맞추고 있습니다.

우리나라의 옛시조(황진이의 시조, 남온의 시조 등)나 조선시대의 가사(정철의 〈청산별곡〉, 허난설헌의 〈규원가〉 등), 그리고 근대시(김소월의 시 등)는 운보다는 율격을 잘 활용해 리듬감을 주고 있습니다. 한 구절의 글자 수를 3-4-3-4 등으로 일정하게 하는 음수율, 한 구절을 3, 4보로 나누어 읽는 음보율 등이 그것입니다. 물론 근대시 중에는 박목월 시인의 〈나그네〉같이 글자 수와 더불어 '~는'이라는 음을 반복해서 멋을 내는 경우도 있고, 김영랑 시인의 〈돌담에 속삭이는 햇빛같이〉처럼 '~같이'라는 보조사를 활용해 시각적 효과를 주는 시도 있습니다.

중국의 고전 시인들(이태백, 소동파, 두보 등)도 5언시 또는 7언 절구로 글자 수를 중시하고 있는데 그 리듬감은 중국어의 고저와 잘 맞아 중국식 발음으로 읽어야 제맛이 납니다. 일본의 국민시 하이쿠俳句는 5-7-5의 17음, 전통

시 단가短歌는 5-7-5-7-7의 31음을 기본으로 합니다. 이는 일본어에 있는 독특한 음의 박자 수를 기준으로 하는데 '東京'은 글자는 2자이나 음박은 '토오쿄오'로 4박이라서 하이쿠에서는 4음으로 셉니다. 이 음박(영어로 mora)을 세는 요령은 우리에게는 매우 낯설지만, 대학 수능시험 일본어 문제로 한 문제씩 나오고 있으니 일본어를 선택하는 수험생은 주의해야 할 것 같습니다.

시나 노래뿐만 아니라 연설에서도 이 리듬을 잘 살리면 청중에게 더 큰 감동을 줄 수 있습니다. 마틴 루서 킹 박사의 'I have a dream' 연설이나 미국 케네디 대통령의 취임사를 들어보면 위에서 이야기한 '약강 약강'의 리듬을 느낄 수 있습니다. 한 숨에 서너 단어 정도씩 잘라 말하는 것도 이런 리듬감을 살려서 청중이 계속 집중하게 하려는 것입니다. 여러분들도 웅변대회에 나갈 일이 있으면 짤막짤막하게 약-강의 리듬을 넣어서 연설을 해보시기 바랍니다.

세상에서 제일 좋은 함

영어 단어 'function'의 뜻은 '사람·물건의 기능이나 역할'입니다. 이 기능은 선생님의 역할, 부모님의 역할, 심장의 역할과 같이 중요한 경우가 많아서 잘 작동되지 않으면 큰일이 납니다.

이 'function'이라는 단어를 f라는 소문자로 줄여서 쓰는 마을이 있습니다. 바로 수학 마을입니다. 이 마을에서는 그 멤버$_{member}$들의 기능을 발휘하게 할 때 이 글자를 씁니다.

이 마을 주민 가운데 'x'라는 수상쩍게 보이는 주민이 많은 활약을 하는데 그가 기능을 할 때 f와 x가 결합해서 f(x)가 됩니다. 둘을 넣으면 넷이 나오게 하는 기능을 수행하는 때에는 f(x)=x^{2}라는 기능을 씁니다. 길을 내기 위해 측량을 할 때에는 f(x)=sin x와 같은 기능을 씁니다. 이런 기능들은 토목 공사뿐만 아니라 로켓의 비행 궤도 측정 등 여러 곳에서 쓰이고 있습니다.

이런 기능들을 보고 달걀을 넣으면 새가 나오는 요술 함$_{函}$ 같다고 생각했을까요? 이 마을에서는 이 f(function)를 '함수'라고 이름 지었습니다.

여러분은 지금 어떤 요술 함이 되어 f를 수행하고 있나요? f(사랑)=(행복)$^{(사랑)}$이라는 함일 것 같습니다. 이 '함'에 부모님이 사랑을 담뿍 집어넣으면 그 사랑이 행복을 기하

급수적으로 키우도록 하는 요술 함이겠지요. 세상에 이보
다 더 좋은 함이 또 있을까요? 이 function이 계속해서 잘
작동되길 바랍니다.

다 읽으신 분들께

끝까지 다 읽어주신 여러분들의 인내심에 감사와 존경을 드립니다. 혹시 글의 주제가 왔다 갔다 해서 혼란스러웠다면 다음 사항을 참고하셔서 다시 한번 읽어 보시기 바랍니다.

수학 이야기는 $e^{i\pi}+1=0$에 등장하는 수들입니다. 이 수식은 수학자들이 가장 아름다운 공식이라고 칭찬하는 오일러의 항등식Euler's identity입니다. 이 공식이 어떻게 유도되는지는 상급자 수준의 수학 공부가 필요합니다. 여기에서는 이 공식에 동원된 각 요소인 수와 기호를 이야기했습니다.

154 ——

문학 이야기는 동서양의 고대와 근대까지의 문학작품을 소재로 했습니다. 서양 문학은 고대 수메르의 신화를 비롯해 그리스 신화와 비극, 중세에서는 이탈리아 시인 단테의 《신곡》, 셰익스피어의 시와 희곡을 언급했습니다. 동양의 고전은 많이 소개하지는 않았습니다. 신라시대 이전부터 우리나라에서는 우리말로 시를 지어 낭송해 왔고, 이는 향가로 표기되어 전해지고 있습니다. 아름다운 한글을 가졌으니 더 많은 훌륭한 문학작품들이 나올 것이라 기대합니다. 혜초의 〈왕오천축국전〉 같은 기록이 더 있을 수도 있으니 이를 찾는 노력도 필요할 것입니다.

역사 이야기는 서양 최고의 역사서인 헤로도토스의 《역사》와 동양 최고의 역사서인 사마천의 《사기》를 비교하고, 우리나라 최고의 역사서인 《삼국사기》와 《삼국유사》의 내용을 소개했습니다. 비록 오래되지는 않았지만 이 기록들은 우리 조상들의 역사에 대한 존중과 후세에 이를 알리고자 하는 역사의식의 산물이므로 그 가치가 크다 할 것입니다.

철학 이야기는 서양철학의 원류인 그리스의 철학자들과 동양의 철학자인 공자를 같은 시대에 지구의 반대편에서 제자들을 가르친 위대한 스승들로 보고 소개했습니다. 이름이 언급된 칸트 등 근대 서양철학자들은 이 전통을 살려 현대 서양철학과 과학의 기초를 쌓은 분들입니다. 동양에서의 근대철학과 과학의 업적도 더 살펴보아야 할 부분입니다. 현재의 철학의 중요 과제 중 하나는 AI를 어떻게 다룰 것인가에 있다고 생각해 이 점도 간단히 언급했습니다.

앞에서 본 바와 같이 여기에 모은 글들은 수학과 문·사·철 분야에 대한 여러분들의 호기심을 자극하기 위해서 쓴 것입니다. 여러분들이 이 글을 읽고 이런 주제들에 흥미를 느꼈으면 좋겠습니다. 나아가 이 흥미가 여러분이 장래에 큰 탐구의 업적을 내는 계기가 된다면 더욱 큰 기쁨이겠습니다.

변호사 할아버지와 함께하는
22일간의 교양 여행

1판 1쇄 **인쇄** 2024년 10월 7일
1판 1쇄 **발행** 2024년 10월 14일

지은이 김용갑
펴낸이 김병우
펴낸곳 생각의창
주소 서울 서대문구 거북골로 120, 204-1202
등록 2020년 4월 1일 제2020-000044호

전화 031)947-8505
팩스 031)947-8506
이메일 saengchang@naver.com

ISBN 979-11-93748-02-2 (03300)